Philippe Guillermic

LA COMPTABILITÉ pas à pas

Vuibert pratiQue

La comptabilité pas à pas

par Philippe Guillermic

Site Internet : www.vuibert.fr

ISBN : 978-2-311-01102-9

Maquette de couverture : Mademoiselle

Responsable éditoriale : Caroline Roucayrol

Sommaire

Introduction

L'apprentissage facile de la comptabilité

Vous avez toujours pensé que ce serait bien de vous former à la comptabilité, mais que cela risquait d'être fastidieux. Il convient de relativiser. Voici une méthode dont le but est de faciliter votre compréhension de la comptabilité, pour finalement la considérer facile, y compris les travaux avancés relevant du bilan. Si vous désirez mieux suivre l'évolution de votre entreprise afin d'agir et réagir sur certains chiffres, d'éclairer votre vision sur sa situation financière, d'envisager des investissements pour la développer, il est vraiment indispensable que vous acquériez des bases comptables et appréhendiez ses comptes avec objectivité. Cette méthode, qui est simple et utilise des cas très banals, ceux du quotidien de toute entreprise, est faite pour vous.

La technique comptable ne nécessite pas de dispositions spécifiques, ni de grandes connaissances ou d'aptitudes en mathématiques. La logique comptable relève simplement de l'utilisation d'une méthode précise et méthodique de classement des chiffres dans les comptes, dont la présentation facilite l'interprétation des informations économiques de l'entreprise.

Cette logique comptable s'acquiert progressivement, jusqu'au déclic où on s'aperçoit qu'on a désormais compris le mécanisme comptable. Il suffit juste d'assimiler les bases et de comprendre « l'esprit comptable », c'est ce que vous propose cet ouvrage. Au fil des chapitres, vous allez cultiver cet esprit pas à pas et acquérir les principes de base que vous assimilerez à l'aide des exemples et des cas pratiques que vous serez invité à faire (rassurez-vous, vous pourrez vérifier leur justesse grâce aux corrigés qui vous sont proposés en fin d'ouvrage).

Pourquoi parle-t-on de comptabilité générale ?

En France, chaque entreprise a l'obligation de tenir une comptabilité selon des principes normalisés.

Ces normes, légales et unifiées, donnent obligation à l'entreprise de fournir annuellement un bilan et un compte de résultat, documents qui permettent, entre autres :

- aux services fiscaux de déterminer le montant de l'impôt sur les sociétés ;
- aux banques de connaître la solvabilité de l'entreprise dans le but de lui accorder ou non un prêt ;
- aux investisseurs de se prononcer sur leur participation.

Les outils de gestion

Adossées à la comptabilité et à ses préconisations strictes, se profilent des méthodes de gestion. Celles-ci ne sont pas obligatoires mais s'avèrent pourtant indispensables au pilotage économique d'une entreprise. Par exemple, si l'établissement du bilan est obligatoire, rien n'oblige légalement l'entreprise à élaborer des tableaux de bord prévisionnels. Autre exemple : si l'entreprise se doit d'effectuer des déclarations de TVA, rien ne la contraint à préparer des prévisions de trésorerie… Et pourtant, ces outils sont essentiels car ils permettent de mettre en lumière des informations essentielles :

- le solde bancaire issu de la comptabilité servira à élaborer le prévisionnel de trésorerie ;
- le bilan sera la base du budget prévisionnel, etc.

C'est pourquoi nous compléterons notre étude de la comptabilité générale par la présentation de techniques de gestion simples et pratiques.

1. La réglementation comptable et son application

1. À qui s'applique la réglementation

En France, la comptabilité normalisée concerne l'ensemble des acteurs économiques :

- les commerçants, artisans, agriculteurs, professions libérales ;
- l'ensemble des sociétés (SARL, EURL, SA, SAS) ;
- les associations, syndicats, fondations, comités d'entreprise…

La majeure partie des personnes morales est soumise à la tenue d'une comptabilité réglementée, même si la méthode diverge selon la nature de l'activité (la comptabilité d'un cabinet d'avocats a ses particularités, par exemple).

Elle varie aussi selon les spécificités du type d'organisation. Les petites associations (clubs sportifs, associations musicales, comités de quartier…) n'auront peut-être pas de comptes à rendre. Cependant, dès qu'elles prennent une certaine importance, qu'elles emploient des salariés ou perçoivent des subventions..., elles ont tout intérêt à se conformer aux normes comptables.

Si la comptabilité des associations, des comités d'entreprises, des SARL, etc., présente quelques différences, tous ces statuts appliquent des normes comptables qui reposent sur un socle commun, celui des principes de la comptabilité légale et normalisée, telle qu'elle est développée dans ce livre.

2. Les tiers et la comptabilité

Les comptes de l'entreprise consacrent une large part aux comptes de tiers. Il est nécessaire de bien les connaître, car beaucoup d'entre eux sont intéressés par la comptabilité de l'entreprise. Au titre de ces « tiers » figurent :

- **L'administration fiscale**, au premier rang des intéressés, puisqu'elle prélève l'impôt sur les sociétés, la TVA, la taxe sur les salaires, la taxe sur les véhicules de sociétés, etc.

  ➤ *Les divers impôts et taxes sont calculés à partir de chiffres issus de la comptabilité.*

- **Les organismes sociaux**, comme l'Urssaf (Sécurité sociale), le Pôle Emploi (assurance chômage), les caisses de retraite et les mutuelles complémentaires...

  ➤ *Ces organismes collectent en fonction des déclarations.*

- **Les financeurs**, tels les banques qui accordent des prêts à l'entreprise, les investisseurs, les apporteurs de capitaux et les actionnaires.

  ➤ *Les financeurs ont besoin d'analyser les comptes de l'entreprise avant d'accorder leur confiance et d'apporter leur financement.*

- **Les salariés** et les organismes qui les représentent, tels le comité d'entreprise, les représentants du personnel, les syndicats...

  ➤ *Ces salariés peuvent être concernés par les résultats financiers,* a fortiori *quand la conjoncture est conflictuelle.*

- **Les autres entreprises**
  - ➤ *Les clients veulent par exemple s'assurer de la bonne santé financière de leurs fournisseurs afin de sécuriser leurs approvisionnements.*
  - ➤ *Les fournisseurs veulent éviter le risque d'impayés de clients peu solvables.*
  - ➤ *Les concurrents veulent pouvoir s'inspirer de bonnes méthodes pratiquées par leurs rivaux (par exemple, s'ils gèrent un stock minimal, s'ils ont recours à l'intérim…) et toutes leurs idées de gestion en général si elles sont bonnes à copier.*
- **La justice**, comme le tribunal de commerce, les avocats, les huissiers, le conseil des prud'hommes…
  - ➤ *Ces tiers, dans le cadre d'un litige, peuvent demander toutes les pièces comptables pouvant avoir valeur de preuve.*

De nombreux tiers sont donc concernés de près ou de loin par la comptabilité d'une entreprise, qui peut être consultée par les uns et les autres. En effet, toutes les entreprises doivent en principe adresser leurs comptes aux greffes des tribunaux de commerce. Et ces derniers peuvent communiquer les bilans d'une société à quiconque les leur demande moyennant un coût modique. La consultation des comptes d'une société est également possible *via* certains services proposés par des sites Internet :

- **www.societe.com** (il est possible d'obtenir sur ce site des bilans simplifiés et gratuits).
- **www.bilansgratuits.fr**
- **www.infogreffe.fr**

Bien évidemment, excepté les tiers, les personnes qui sont normalement les plus impliquées dans l'élaboration et le suivi de la comptabilité de l'entreprise en sont ses dirigeants. S'ils ne passent pas en pratique les écritures, ces dirigeants doivent utiliser la comptabilité de leur entreprise comme un outil de gestion. Savoir « lire » les comptes de leur entreprise est donc indispensable dès lors que la pérennité de l'activité est en jeu. Et connaître la méthode comptable s'avère bien sûr pour ces dirigeants un avantage indéniable dans le pilotage de leur entreprise.

Exemple applicatif

L'analyse des comptes de ses fournisseurs peut être une mine d'informations et procure des avantages indéniables. C'est une aide incontestable si l'on veut sécuriser ses approvisionnements, mieux négocier ses contrats et réaliser des économies.

Prenons l'exemple de la construction d'un entrepôt. Ce projet de construction doit être réalisé en quatre mois. Il sera fait appel à divers prestataires : entreprises de maçonnerie, charpentiers, couvreurs, électriciens, architectes... Afin de sélectionner les entreprises prestataires, il convient que nous étudions les différents devis et mettions en concurrence les divers corps de métiers. Parmi eux, les maçons ont fourni trois devis :

- la première entreprise adresse un devis de 94 000 € HT ;
- la seconde, un devis de 95 000 € ;
- la troisième, un devis de 100 500 €.

Préalablement à notre étude comparative, nous avons obtenu les bilans de ces trois entreprises : ces bilans nous donnent des indications financières et juridiques sur chacune, et précisent également le nombre de salariés qu'elles emploient. À partir de ces données, nous dressons le tableau comparatif suivant.

Fournisseurs	Devis HT	Chiffre d'affaires annuel (€)	Bénéfice annuel (en % du CA)	Nombre de salariés
Maçon 1	94 000 €	94 000	1,98	1
Maçon 2	95 000 €	330 000	12	15
Maçon 3	100 500 €	120 258 000	3	786

Rappel : le chiffre d'affaires d'une entreprise est, pour une période donnée (un an par exemple), le montant de ses ventes facturées (et pas forcément payées).

Le tableau indique que :

- Pour le maçon 1, nous sommes certainement un client très intéressant car notre projet correspond à son chiffre d'affaires annuel. Toutefois, il n'a qu'un seul salarié. Comment pourra-t-il venir à bout de la construction de notre entrepôt en quelques mois sans en retarder le chantier ? Cette petite société n'a apparemment pas la taille nécessaire pour réaliser notre projet dans les délais impartis (quatre mois). La prudence veut que l'on écarte ce fournisseur, car comment effectuera-t-il en quatre mois ce qu'il réalise en une année ? Nous n'avons aucune garantie pour qu'il ne ralentisse pas l'ensemble du chantier.

- Le maçon 2 est une société de taille plus importante. Notre chantier représente une part intéressante de son chiffre d'affaires annuel, environ trois mois et demi de son activité (12 mois x 95000 ÷ 330000 = 3,45 mois). Nous représentons un client intéressant pour lui. Avec 15 salariés, il a de plus certainement les moyens de respecter les délais. Enfin, au vu de son bénéfice annuel, nous pourrons sans doute négocier plus facilement ses tarifs. Nous pouvons, par exemple, nous fixer un objectif de négociation ramenant le devis de 95000 à 90000 €. S'il refuse, nous pourrons sans doute négocier une remise commerciale de 3 %, ce qui ramènera le coût à 92150 €…

- Pour le maçon 3, notre projet est une petite affaire au regard de son chiffre d'affaires annuel. À un niveau proche de 1 % de son chiffre d'affaires, nous ne sommes sans doute pas un client intéressant pour lui. C'est peut-être pour cette raison qu'il a été tenté de gonfler le devis. En tout cas, quitte à travailler pour nous, il a tout intérêt à y trouver son avantage. Il sera donc difficile de négocier avec cette entreprise, car nous avons peu d'arguments à faire valoir…

En conclusion, il sera sans doute nécessaire de négocier avec le second maçon si nous souhaitons obtenir un meilleur prix et nous assurer le respect des délais pour la réalisation de notre entrepôt. En connaissant les marges globales des prestataires, il est plus facile de savoir auxquels il est possible de demander une remise. En procédant ainsi pour l'ensemble des devis des différents corps de métier (plomberie, charpente, couverture, électricité, etc.), les économies cumulées que nous allons pouvoir réaliser seront appréciables. En outre, connaître les bilans des prestataires est sécurisant : on apprend ainsi que certaines sociétés connaissent d'importantes difficultés financières ; ce qui nous évitera notamment de verser, à fonds perdus, un acompte à une entreprise qui risque la faillite...

3. L'EXERCICE COMPTABLE

La période de détermination du résultat de l'entreprise est l'**exercice comptable**.

Cette expression, typique du monde de la comptabilité, est la période du traitement comptable dont le terme normal est la préparation du bilan. L'année civile court du 1er janvier au 31 décembre, mais ce n'est pas obligatoirement le cas de l'exercice comptable d'une société. La durée normale de l'exercice comptable est d'une année, mais les dates de fin et de début de l'exercice peuvent varier d'une société à l'autre, par exemple :

- du 1er janvier au 31 décembre (si l'exercice comptable correspond à l'année civile, comme c'est souvent le cas) ;
- du 1er juin de l'année au 31 mai de l'année suivante ;
- toute autre période d'un an ne correspondant pas à l'année civile...

Les dates de début et de fin de l'exercice comptable sont en principe décidées au moment de la création de la société et peuvent être inscrites aux statuts. L'exercice comptable se déroule sur une année pleine, sauf dans deux cas :

1. **À la création de la société**. La date de début du premier exercice ne commence pas nécessairement au 1er janvier. Les dirigeants de l'entreprise ont le choix :

- soit faire courir le premier exercice de la date de création jusqu'à une date choisie pour les comptes annuels – par exemple, du 15 février au 31 décembre de la même année ;
- soit opter pour une période supérieure à 12 mois – par exemple, du 15 février de l'année de création au 31 décembre de l'année suivante.

Attention ! À la création de la société, la durée maximale du premier exercice ne pourra pas dépasser 24 mois. La durée minimale du premier exercice pourra, en théorie, être inférieure à un mois.

2. **À la dissolution de la société** (fin d'activité). Le jour où l'entreprise arrête définitivement son activité est aussi le terme du dernier exercice comptable.

En dehors de ces deux exceptions, les exercices comptables sont toujours d'une durée d'un an (12 mois complets).

C'est durant l'exercice que se réalisent les travaux comptables et c'est à son issue qu'est déterminé le résultat de l'exercice, qui se traduit soit par des pertes, soit par des bénéfices. S'il y a un bénéfice, les services fiscaux le taxeront par le biais de l'impôt sur les sociétés (IS). Par conséquent, on peut dire que l'IS est la principale justification de la durée d'un exercice comptable, car c'est la période d'assujettissement fiscal. Sitôt l'exercice clôturé, le suivant est ouvert.

À savoir

La plupart des exercices comptables correspondent à l'année civile. Tous les ans, à la même période, les cabinets d'expertise comptable sont en période de grande activité. Les bilans doivent être prêts avant le 30 avril pour les sociétés dont l'exercice s'est achevé au 31 décembre de l'année précédente. Cette échéance peut bénéficier d'un délai supplémentaire d'une semaine environ (tolérance), mais la quasi-totalité des travaux comptables aura dû être effectuée avant le 15 avril afin de connaître le montant de l'impôt sur les sociétés (IS).

Dans le cas d'une création de société, choisir une date de fin d'exercice différente du 31 décembre (par exemple le 31 mai, le 30 septembre…) peut être avantageux : cela permet d'avoir un expert-comptable plus disponible aux dates de bilan, voire de mieux négocier avec lui son contrat et le montant de ses honoraires.

4. Les principes comptables

Le travail comptable doit impérativement se conformer à la réglementation en vigueur et suivre ses obligations fondamentales. Il n'est pas possible de déroger à ces principes légaux et vous devez les appliquer tout au long de nos travaux comptables. Voici maintenant les principes comptables les plus importants.

Principe de régularité – La comptabilité sera effectuée dans les règles définies par le Plan comptable général (que nous verrons plus loin). D'une manière générale, la comptabilité sera traitée conformément à la législation.

Principe de sincérité – Les comptes doivent traduire la réalité, sans fausses écritures ni fausses déclarations. Ils doivent refléter la stricte réalité. Le principe de sincérité est lié au principe de régularité.

Principe de prudence – Les comptes sont gérés indépendamment de tout optimisme. Un stock de marchandises, par exemple, ne sera pas évalué à son prix de vente supposé, tant qu'il n'est pas vendu. Si une subvention est espérée, elle ne sera pas comptabilisée tant qu'elle n'a pas été notifiée par l'organisme devant l'accorder. À l'inverse, toute perte probable devra être intégrée : par exemple, une procédure aux prud'hommes qui n'est pas encore jugée, mais dont l'issue semble défavorable, un client en défaut manifeste de paiement…

Principe de permanence des méthodes – Dans la mesure où l'entreprise a la possibilité d'appliquer une méthode comptable plutôt qu'une autre, elle doit la garder d'un exercice sur l'autre. Par exemple, si elle décide d'amortir ses véhicules sur 5 ans, elle ne pourra pas décider l'année suivante, sans raison, de les amortir sur 3 ans – ce qui pourrait avoir comme conséquence de diminuer le résultat fiscal, et donc l'impôt. Nous verrons plus explicitement ce genre de cas lorsque nous aborderons la partie des immobilisations et de leurs amortissements.

Donc, le principe de permanence des méthodes implique qu'il vous est interdit de changer les méthodes comptables de votre entreprise sans motif, ni en fonction de votre seule initiative.

Principe d'indépendance des exercices – À chaque exercice comptable correspondent des dépenses et des recettes (nous parlerons plutôt, bientôt, de charges et de produits). Une dépense concernant l'année 2013 sera comptabilisée en 2013, pas en 2014. Si l'on reçoit une facture d'assurance en juin 2013, et qu'elle concerne six mois en 2013 et six mois en 2014, l'on rattachera les sommes concernées à chaque exercice.

Puisque le résultat comptable (déterminé lors du bilan) est le préalable au résultat fiscal et donc à l'imposition, il est obligatoire que chaque somme soit bien imputée au bon exercice.

Principe de continuité de l'activité – Une société, normalement, est faite pour durer.

Sauf si elle se trouve en fin d'activité – dans le cas d'une liquidation judiciaire, par exemple –, les comptes de la société seront évalués différemment de la méthode comptable normale, car il s'agit alors d'une entité économique vouée à disparaître.

Principe de non-compensation – Il est impossible de compenser des dettes au passif par des créances à l'actif (les termes « actif » et « passif » seront expliqués plus loin). Plus généralement encore, il ne faut pas compenser une somme qui ferait défaut dans un compte par une autre somme destinée, de par sa nature, à un autre compte. Si l'on n'a pas payé un fournisseur, on n'ira pas solder son compte avec le trop-perçu d'un client.

Voici un cas réel, qui illustre ce principe de non-compensation. Près de Cholet, dans une entreprise du secteur textile, un employé a obtenu de la direction un prêt personnel, mais il est mis un terme à son contrat de travail un peu plus tard (pour d'autres raisons). L'employeur décide de déduire du solde de tout compte de son employé le montant restant dû sur le prêt. Il a été condamné aux prud'hommes : la compensation est, non seulement interdite, mais aussi fort peu appréciée par les tribunaux.

Zoom

Une comptabilité correctement tenue, un moyen de preuve

Les principes comptables ont une grande importance d'un point de vue juridique. Celui qui tient correctement sa comptabilité peut l'invoquer en tant que preuve. En droit des affaires et dans le cadre de procédures, on peut avoir à produire certains documents comptables, mais seuls les documents issus d'une comptabilité correctement tenue pourront avoir une valeur en tant que preuve. La comptabilité peut ainsi être considérée comme « l'algèbre du droit »[1].

5. La fonction comptable

Les métiers comptables sont de deux types : internes à l'entreprise (salariés) ou externes (experts comptables, commissaires aux comptes...).

A. Les comptables de l'entreprise

Les « comptables » de l'entreprise sont des salariés affectés à la fonction comptable. En charge de tâches diverses, ils peuvent s'appeler indifféremment :

- secrétaire comptable, aide comptable, chargé de facturation... ;

1. « La comptabilité, algèbre du droit et méthode d'observation des sciences économiques », P. Garnier, 1947

- comptable auxiliaire (comptabilité clients ou comptabilité fournisseurs) ;
- comptable général, chef comptable, directeur financier, etc.

Cette liste est loin d'être complète, car les attributions sont d'autant plus variées que la taille de l'entreprise est importante. Dans les très grosses entreprises, on trouvera aussi, par exemple, des chargés de recouvrement, des trésoriers, des contrôleurs de gestion, des directeurs financiers, etc. À l'inverse, dans les petites entreprises, la fonction comptable est moins représentée. Les comptables y sont d'autant moins nombreux que l'entreprise est petite. Certaines PME ont même un comptable unique.

L'artisan, le commerçant, l'agriculteur n'est souvent pas en mesure de réaliser seul la totalité de ses travaux de comptabilité. Il peut alors faire appel à un expert-comptable externe. Dans les toutes petites entreprises, la fonction comptable est réduite à sa plus simple expression.

B. Les intervenants extérieurs à l'entreprise

L'expert-comptable – Ce n'est pas un salarié de l'entreprise, il intervient auprès des entreprises dans l'exercice de sa fonction libérale. Il facture donc des honoraires.

Le métier d'expert-comptable se pratique une fois obtenu le diplôme adéquat et s'exerce sous couvert de l'Ordre des experts comptables. Cet organisme encadre le métier d'expert-comptable et en est le garant au niveau de la qualité et de la déontologie. Cette spécificité française accorde un monopole aux experts comptables, car quiconque réalise des travaux comptables dans une entreprise – sans en être salarié – encourt le risque d'être accusé d'exercice illégal de la fonction d'expert-comptable, surtout s'il présente et certifie des comptes annuels sans la validation d'un expert-comptable.

Un bilan contrôlé et établi par un expert-comptable est un gage de crédibilité. Une banque, par exemple, étudiera plus facilement un dossier de prêt s'il est accompagné de comptes certifiés par un expert-comptable.

Le commissaire aux comptes – Le recours à un commissaire aux comptes est obligatoire pour les sociétés qui dépassent deux des trois seuils suivants :

- total du bilan : 1 550 000 € ;
- chiffre d'affaires hors taxes : 3 100 000 € ;
- plus de 50 salariés.

Ces seuils, donnés à titre indicatif, peuvent différer selon les statuts juridiques des sociétés. Il peut en effet exister des particularités, comme par exemple les associations qui, dépassant un certain seuil de subventions (153 000 €), doivent, elles aussi, avoir recours à un commissaire aux comptes.

Le commissaire aux comptes engage sa responsabilité en certifiant la régularité des comptes. Il a, vis-à-vis de l'entreprise, un statut particulier. Exerçant en profession libérale, il perçoit à ce titre des honoraires de la part de la société où il intervient. Garant de la régularité et de la certification des comptes, il engage sa propre responsabilité : il se doit donc d'être particulièrement vigilant dans la certification des comptes. Un expert-comptable est aussi, souvent, commissaire aux comptes, et vice versa. Toutefois, la même personne ne peut exercer les deux fonctions simultanément pour la même entreprise.

Les auditeurs et consultants externes – Ils peuvent intervenir dans l'entreprise en qualité de conseils en matière de fiscalité ou de gestion.

Certaines sociétés sont réputées et spécialisées dans la réalisation de tous les travaux comptables, qu'il s'agisse d'expertise comptable, d'audit ou de conseil : par exemple, Deloitte, Ernst & Young, Pricewaterhouse, KPGM… Les personnels de ces sociétés, qui interviennent en tant que consultants ou auditeurs, agissent sous les directives de leur encadrement, normalement des responsables ayant la qualité d'expert-comptable.

6. Les documents comptables

A. La pièce comptable

Le premier élément à la base de la comptabilité est la « pièce comptable ».

La pièce comptable, document qui constitue une preuve, peut être :

- une facture ;
- un ticket de caisse ;
- un relevé d'opérations bancaires ;
- un talon de chèque ;
- un bulletin de paie ;
- un bordereau de charges sociales, etc.

Sans pièce comptable, la tenue de la comptabilité est impossible. Tout achat, aussi minime soit-il, doit être accompagné d'un justificatif, au minimum un ticket de caisse. Puisque la pièce comptable permet l'enregistrement des opérations comptables, une bonne organisation comptable est nécessaire : elle commence par le classement des pièces, selon leur nature (on aura un classeur pour les factures de vente, un classeur pour la banque, par exemple...).

Conseil

Le classement des documents

Une bonne organisation comptable commence par un bon classement. Tant que l'entreprise a une taille modeste, elle peut se contenter de quelques classeurs. Une entreprise récente peut même commencer avec un seul classeur, qui sera subdivisé par le biais de plusieurs intercalaires avec les libellés suivants :

- **Général entreprise,** pour les éléments permanents du dossier tels les statuts, extraits KBIS, RIB et diverses indications mentionnant les références de l'entreprise (Siret, code APE...).
- **Factures clients**.

- **Factures achats** pour les achats en général et les frais généraux.
- **Banque** pour les relevés et les opérations bancaires.
- **Personnel** pour les bulletins de paie et les dossiers salariés (contrats de travail).
- **Charges sociales** pour l'Urssaf, la retraite complémentaire...
- **Fiscalité** pour les déclarations de TVA, les impôts, les taxes, etc.

Par la suite, plus l'activité va se développer, plus les pièces deviendront nombreuses. Il faudra alors ouvrir plusieurs classeurs : un pour les factures, un pour les paies, un autre pour la banque...

Le classement chronologique des pièces est conseillé, les pièces les plus récentes étant positionnées au dessus. En effet, lorsqu'on a besoin de consulter des documents – factures, relevés de banque, déclarations sociales, TVA... –, c'est souvent dans les pièces les plus récentes que se fait la recherche.

B. Les journaux comptables

Zoom

Historiquement, les livres comptables étaient tenus de manière manuscrite. Aujourd'hui, la comptabilité est informatisée, mais le vocabulaire est resté le même : on parle toujours d'« écritures comptables » (ou d'« écritures saisies » aussi, maintenant) inscrites aux « journaux ». Et une écriture enregistrée constitue une « imputation » : par exemple, l'achat de timbres est « imputé » au débit du compte *626 – Frais postaux et de télécommunications*.

Toutes les opérations de l'entreprise doivent être inscrites en comptabilité. Et toutes les écritures comptables sont inscrites aux journaux.

Parmi ces journaux, il existe :

- les journaux de trésorerie, qui enregistrent les paiements effectués ou reçus, tels le journal de caisse et le journal de banque ;
- le journal des achats, qui comptabilise les factures d'achat ;
- le journal des ventes, qui comptabilise les factures de vente ;
- le journal des opérations diverses, qui enregistre les paies, les déclarations de TVA, les corrections ou régularisations diverses, les écritures de préparation au bilan...

En fonction de l'organisation de la société, il y aura d'autres journaux dont nous verrons ultérieurement l'utilité (journal de situation, journal des à nouveaux...).

Les journaux comptables reprennent un certain nombre d'informations, plus ou moins détaillées. Voici comment se présentent les écritures d'un journal.

Date	Compte	Libellé	Débit	Crédit
22/05/2013	626	Frais postaux et de télécommunications	15,00	
22/05/2013	53	Caisse		15,00

Cette présentation est simplifiée. En réalité, il peut y avoir d'autres colonnes avec d'autres libellés – *N° de ligne, Référence, Date d'échéance...* –, mais cette présentation simplifiée suffit pour expliquer la méthode.

Les colonnes **N° de compte, Débit et Crédit** permettent l'enregistrement des écritures en fonction de la méthode comptable détaillée plus loin. On considérera cette manière de procéder comme une technique de classification des comptes, qui suit les règles comptables en vigueur.

En résumé, l'enregistrement des opérations comptables s'effectue à partir des pièces comptables, puis des écritures inscrites dans les journaux comptables.

7. Les éditions comptables

A. Le grand-livre

Le grand-livre est un registre qui centralise toutes les lignes d'écritures de tous les journaux comptables, ces écritures étant triées et regroupées par comptes. Pour consulter un compte détaillé – par exemple, le compte d'un client spécifique –, on peut extraire du grand-livre ce seul compte. L'exemple d'un grand-livre est présenté plus loin p. 46.

B. La balance

La balance reprend le solde final des comptes, les uns après les autres, pour une période donnée. Par exemple, le compte *626 – Frais postaux et de télécommunications* peut avoir un solde de 1 000 €, en fin de période, si le montant cumulé des frais d'affranchissement et de téléphone de l'entreprise atteint cette somme. La balance édite, ligne à ligne, le solde de chacun des comptes dans l'ordre prescrit par le plan comptable. La balance sert de base pour l'établissement des documents de fin d'exercice. En parallèle de la comptabilité générale (et de la balance générale) qui reprend la globalité des écritures comptables, il existe une comptabilité auxiliaire « client » et une comptabilité auxiliaire « fournisseurs ». On peut donc avoir une balance « clients » avec les seuls comptes des clients ou bien une balance « fournisseurs » avec les seuls comptes des fournisseurs. L'exemple d'une balance est présenté plus loin p. 48.

C. Les documents de fin d'exercice

À la fin de l'exercice et à l'issue des travaux comptables (dont l'inventaire), il faut élaborer la « liasse fiscale ». Celle-ci, fournie au Trésor public, permet le calcul de l'impôt sur les sociétés. Cette liasse fiscale contient : le bilan, le compte de résultat, l'annexe. Ces documents sont présentés et expliqués en plusieurs étapes, p. 48.

2. Le plan comptable

Sous la tutelle du ministère du Budget et du Comité de la réglementation comptable, un plan comptable général (PCG) a été élaboré. Le PCG est l'ensemble des articles régissant les principes et règles comptables de tenue et de présentation des comptes. Il codifie les classes de comptes utilisés, selon une numérotation spécifique à la comptabilité des sociétés françaises.

1. Plan comptable général et plan comptable de l'entreprise

Le plan comptable est une nomenclature de numérotation des comptes, classés selon leur nature en classes comptables. Cette numérotation est réglementaire, et voici un petit échantillon de comptes comptables : ***512 – Banque, 53 – Caisse, 58 – Virements internes, 60221 – Combustibles, 60222 – Produits d'entretien…***

En principe, tout en respectant les normes du plan comptable général, chaque entreprise peut adapter la numérotation de ses comptes en fonction de ses besoins. Par exemple, dans le plan comptable général, le compte banque commence par le numéro « 512 », mais une entreprise, parce qu'elle travaille avec plusieurs banques et souhaite en différencier les comptes, peut avoir les comptes suivants: ***512100 – BNP, 512110 – Société Générale, 512111 – Société Générale siège Paris,*** etc. Le plan comptable de certaines sociétés comporte des comptes numérotés à 6 chiffres, d'autres à 5, 7 ou 9 chiffres..., tout dépend de l'organisation comptable qu'elles ont choisie. Le nombre de chiffres des comptes doit seulement permettre de rester en cohérence avec le plan comptable général. Par exemple, pour le compte ***626 – Frais postaux et de télécommunications,*** l'entreprise peut décider d'avoir des sous-comptes tels que: ***626100 – Affranchissements, 626200 – Téléphone, télécopie, 626300 – Internet.*** Chaque entreprise possède son plan des comptes, mais celui-ci est toujours basé sur la racine des comptes du plan comptable général.

Dans cet ouvrage, pour des raisons de simplification et parce que cela suffit amplement à la compréhension, nous n'avons choisi que des comptes avec peu de chiffres, qui correspondent aux racines des comptes du plan comptable général.

2. Classes comptables, bilan et compte de résultat

Voici une vue d'ensemble du plan comptable général dans ses grandes lignes. Comme vous le voyez, une fois toutes les opérations comptables passées durant la période annuelle choisie par l'entreprise, certains comptes se retrouveront dans son bilan, d'autres dans son compte de résultat.

Les classes comptables	N°	Bilan ou compte de résultat
Comptes de capitaux Exemple: **1**01 Capital, **16** Emprunts	1	Bilan
Comptes d'immobilisations Exemple: **2**11 Terrains, **2**182 Matériel de transport	2	Bilan
Comptes de stocks Exemple: **3**7 Stocks de marchandises	3	Bilan

Comptes de tiers Exemple : **4**01 Fournisseurs, **4**11 Clients	4	Bilan
Comptes de trésorerie Exemple : **5**12 Banque, **5**3 Caisse	5	Bilan
Comptes de charges Exemple : **6**07 Achats de marchandises, **6**26 Frais postaux et de télécommunication	6	Résultat
Comptes de produits Exemple : **7**07 Ventes de marchandises	7	Résultat

À retenir

Les comptes commençant par 1, 2, 3, 4 et 5 sont des comptes de bilan. Le bilan énumère les valeurs de l'entreprise, ce qu'elle possède (locaux, stocks, dépôts en banque...) et ce qu'elle doit (emprunts, dettes fiscales, découverts bancaires...).

Le bilan est l'état patrimonial de la société.

Les comptes 6 et 7 sont, eux, des comptes de résultat. Le compte de résultat vise à déterminer le résultat de l'entreprise (bénéfice ou perte).

Le compte de résultat indique les bénéfices ou les pertes de l'entreprise.

Pour obtenir le résultat d'une entreprise, on retranche de la totalité des produits l'ensemble des charges. Si les produits sont supérieurs aux charges, le résultat est un bénéfice. Dans le cas contraire, le résultat est une perte.

Total des Produits – Total des charges = Résultat

3. Le plan comptable expliqué

Cette présentation ne se veut pas exhaustive, mais représentative des comptes les plus fréquemment utilisés ou les plus intéressants. Pour l'instant, il ne s'agit pas de rentrer dans le détail, car cela complexifierait le propos et nuirait à la compréhension. Par conséquent, dans la présentation qui suit, nous irons à la découverte des seuls comptes les plus significatifs.

A. Les comptes de bilan

■ Les comptes de capitaux (classe 1)

101 – Capital – Ce compte précise le montant des valeurs apportées par les associés de l'entreprise, le plus souvent à la création de celle-ci, afin de favoriser son activité. Le capital peut être apporté en numéraire (par exemple, 10 000 €) ou en nature (par exemple, un terrain).

16 – Emprunts – Les emprunts ont été obtenus auprès de prêteurs, le plus souvent des organismes bancaires. Le montant initialement prêté figurera à ce compte et sera régulièrement diminué du montant des remboursements effectués (les intérêts sont comptabilisés ailleurs).

■ Les comptes d'immobilisations (classe 2)

Le sujet des immobilisations sera traité en détail plus loin, p. 116. À ce stade, sachez seulement qu'une immobilisation est un bien voué à être utilisé sur plusieurs années par l'entreprise, comme par exemple une voiture de société, une photocopieuse, un ordinateur…

20 – Immobilisations incorporelles – Il faut comprendre par immobilisation « incorporelle » un bien ayant une valeur économique mais pas de substance matérielle. Par exemple, la licence d'utilisation d'un logiciel a une valeur bien réelle, même si ce droit d'utilisation n'est pas palpable d'un point de vue matériel, au contraire d'une immobilisation corporelle (une table, une machine…). L'immobilisation incorporelle possède une valeur intellectuelle (un brevet…) ou juridique (le droit d'utiliser une marque…).

Parmi les immobilisations incorporelles, existent les comptes suivants :

- **205** – Concessions, brevets, licences, marques, procédés, logiciels…
- **206** – Droit au bail.
- **207** – Fonds commercial.

21 – Immobilisations corporelles – Par opposition aux immobilisations incorporelles, il est aisé de comprendre que les immobilisations corporelles ont une réalité matérielle. On distingue notamment les comptes suivants :

- **211** – Terrains.
- **212** – Agencements et aménagements de terrains.
- **213** – Constructions, entrepôts, bureaux, usines, ateliers...
- **215** – Installations techniques, matériels et outillages industriels.
- **218** – Autres immobilisations corporelles.
  - → **2181** – Installations générales, agencements, aménagements divers (par exemple la grille d'une vitrine d'un commerce, le carrelage d'un atelier, l'installation électrique d'un bâtiment).
  - → **2182** – Matériel de transport (véhicules).
  - → **2183** – Matériel de bureau et matériel informatique.
  - → **2184** – Mobilier (tables, chaises, armoires...).
  - → **2185** – Cheptel.

Le « cheptel » est une immobilisation ignorée par la majorité des entreprises, mais bien connue dans le domaine de l'agriculture : un troupeau de bovins est constitué de vaches laitières..., lesquelles sont destinées à être utilisées (amorties) sur plusieurs années !

■ Les comptes de stocks (classe 3)

Il s'agit de tous les stocks qui appartiennent à l'entreprise (par exemple, dans une maison d'édition, un stock de papier, ses stocks de livres...). On trouve dans les comptes de stocks :

- **31** – Matières premières (et fournitures).
- **35** – Stocks de produits.
- **37** – Stocks de marchandises.

■ Les comptes de tiers (classe 4)

Ce sont tous les tiers en relation avec l'entreprise :

- **401** – Fournisseurs.
- **411** – Clients.
- **421** – Personnel – Rémunérations dues.
- **44** – État et autres collectivités publiques… (Ici seront décomposés en sous-comptes la TVA, les impôts et taxes divers).

■ Les comptes financiers (classe 5)

Les comptes financiers sont les disponibilités monétaires de la société :

- **512** – Banque.
- **53** – Caisse.

Présentation d'un bilan simplifié

Nous venons de voir les comptes de bilan qui commencent par 1, 2, 3, 4 ou 5. C'est l'occasion de présenter un premier bilan très simplifié afin de s'initier aux notions d'actif (à gauche du bilan) et de passif (à droite) :

BILAN					
Actif			**Passif**		
218	Matériel informatique	3000	101	Capital	10000
37	Stocks de marchandises	4000	16	Emprunts	5000
411	Clients	6000	401	Fournisseurs	4000
512	Banque	5000			
53	Caisse	1000			
	Total	**19000**		**Total**	**19000**

Les sommes figurant à l'actif sont les éléments du bilan que l'entreprise possède. Il s'agit essentiellement de biens (les immobilisations, les stocks…), de liquidités (sommes en banque, en caisse) et de créances qu'elle a sur ses clients (sommes dues par les clients que ceux-ci n'ont pas encore réglées).

Les sommes figurant au passif du bilan sont les dettes de l'entreprise envers ses investisseurs (le capital), ses financeurs (les emprunts) et ses fournisseurs (les sommes que l'entreprise ne leur a pas encore payées). Habituellement, au passif, figurent aussi les salaires à payer, les charges sociales ou fiscales…

Continuons maintenant la présentation du plan comptable avec les comptes 6 et 7. Nous ne sommes plus dans le bilan, mais dans le compte de résultat.

B. Les comptes de résultat

■ Les comptes de charges (classe 6)

Expliquons d'abord ce que sont les charges. Selon le plan comptable (règlement n° 2005-09 du CRC[1]) :

« *Les charges comprennent :*

- *Les sommes ou valeurs versées ou à verser :*
  - *en contrepartie de marchandises, approvisionnements, travaux et services consommés par l'entité ainsi que les avantages qui lui ont été consentis ;*
  - *en exécution d'une obligation légale ;*
  - *exceptionnellement, sans contrepartie.*
- *Les dotations aux amortissements, dépréciations et provisions ; la valeur d'entrée diminuée des amortissements des éléments d'actif cédés, détruits ou disparus* »

Nous pouvons aussi donner une autre définition des charges : **les charges sont des engagements de dépenses, d'achats et de tous frais concourant à diminuer le résultat de l'exercice**. Plus simplement, on dira que les charges sont les dépenses supportées par l'entreprise, même si cette dernière définition est en soit incomplète.

Voici différents comptes de charges :

- **601** – Achats stockés – Matières premières (et fournitures).
  Exemples : le métal destiné à être utilisé pour produire des boîtes de conserve, le cuir prévu pour la semelle des chaussures.
- **607** – Achats de marchandises.
  Le concept de marchandises est très précis : ce sont des biens

1. Comité de la réglementation comptable.

achetés dans le but d'être revendus tels quels, sans modification ni transformation. il s'agit d'une activité dite de « négoce » (achat, puis revente en l'état).

- **609** – Rabais, remises et ristournes obtenus sur achats.
  Les rabais, remises et ristournes viennent en déduction des charges. Ce sont des charges négatives qui ont le même effet qu'un produit.

Zoom

Le chiffre « 9 » en troisième position d'un numéro de compte (*609 – Rabais, remises et ristournes*) indique un mouvement comptable inversé par rapport à sa famille de comptes. Par exemple, le rabais représente l'inverse d'une charge d'achat. Le principe est le même pour tous les comptes où le chiffre « 9 » est en troisième position : par exemple, 41**9**1 – Clients, avances et acomptes reçus, une avance venant en déduction de la somme due par le client.

- **612** – Redevances de crédit-bail.
- **613** – Locations.
- **614** – Charges locatives et de copropriété.
- **615** – Entretien et réparations.
- **616** – Primes d'assurance.

Attention

Une charge nécessaire

L'une des premières charges que le chef d'entreprise devra supporter est la souscription d'assurances, dont l'assurance en responsabilité civile qui est indispensable. En effet, si un mur de l'entreprise s'écroule sur le maçon qui est en train de le rénover, la responsabilité du chef d'entreprise peut être engagée. Voici d'autres exemples pouvant mettre en péril la situation de l'entreprise : l'intervention d'un plombier qui est suivie d'une fuite importante noyant les stocks de marchandises, le prestataire informatique qui par erreur efface les sauvegardes de son client… Ces aléas font courir un risque sur l'avenir de l'entreprise, et le risque étant par nature imprévisible, il convient de s'en protéger.

Par prudence, l'entreprise se doit donc d'être bien assurée. Au moment de sa création, quelle que soit la nature de son activité, il faudra prévoir de souscrire les assurances nécessaires.

- **619** – Rabais, remises et ristournes obtenus sur services extérieurs.
- **61** et **62** – Autres services extérieurs.
  - → **621** – Personnel extérieur à l'entreprise.
    C'est, par exemple, le personnel prêté par une entreprise à une autre (sous réserve de refacturation à certaines conditions), mais aussi le personnel en intérim.
  - → **622** – Rémunérations d'intermédiaires et honoraires.
    Ce sont les honoraires des avocats, experts-comptables, architectes, agences de publicité, infirmiers et médecins, commissions et courtage, etc.
  - → **623** – Publicité, publications, relations publiques.
  - → **624** – Transports de biens et transports collectifs du personnel.
  - → **625** – Déplacements, missions et réceptions.
  - → **626** – Frais postaux et de télécommunications.
  - → **627** – Services bancaires et assimilés.
    Ce sont tous les frais de la banque : frais pour la tenue des comptes ou pour la consultation des opérations sur Internet (abonnement mensuel), frais de virement… En aucun cas, il ne peut s'agir des agios (découverts) ou des intérêts d'emprunt, lesquels sont portés au compte 66 (charges financières).
- **63** – Impôts, taxes et versements assimilés.
- **64** – Charges de personnel.
  - → **641** – Rémunérations du personnel.
  - → **645** – Charges de Sécurité sociale et de prévoyance.

Les comptes de produits (classe 7)

Selon le plan comptable général, on définit les produits ainsi :

« *Les produits comprennent :*

- *Les sommes ou valeurs reçues ou à recevoir :*
  - *en contrepartie de la fourniture par l'entité de biens, travaux, services ainsi que des avantages qu'elle a consentis ;*
  - *en vertu d'une obligation légale existant à la charge d'un tiers ;*
  - *exceptionnellement, sans contrepartie.*
- *La production stockée ou déstockée au cours de l'exercice.*
- *La production immobilisée.*
- *Les reprises sur amortissements et provisions.* »

Nous pouvons aussi donner la définition suivante : **les produits représentent les ventes, les prestations et les opérations qui amèneront un profit ou un avantage concourant à l'accroissement du bénéfice de l'entreprise.**

Avec les comptes de produits, qui commencent par le chiffre 7 (en opposition aux comptes de charges qui commencent par 6), nous nous positionnons dans le rôle du fournisseur de biens ou du prestataire de services.

- **701 – Ventes de produits finis** – Les produits finis sont ceux issus de la production de l'entreprise – par exemple, pâtisseries, vêtements, bicyclettes, jouets…
- **703 – Ventes de produits résiduels** – Issus de l'activité de l'entreprise, les produits résiduels ne peuvent être revendus comme des produits normaux, car ils comportent un défaut, sont incomplets ou sont des résidus de production. Ils seront donc revendus à un moindre prix. Il peut s'agir de copeaux de bois (sciure), de chutes de papier, de certains éléments métalliques (destinés au recyclage), etc. Dans l'industrie automobile par exemple, certaines voitures, qui comportent des défauts ne permettant pas de les vendre aux consommateurs, sont parfois vendues à la production cinématographique… pour la réalisation de cascades !

- **704 – Travaux** – Il peut s'agir des travaux réalisés dans le cadre d'une entreprise de maçonnerie, de peinture ou de charpente…
- **706 – Prestations de services** – Ce sont tous les services – transports, restauration, travaux comptables, conseils juridiques… –, que l'entreprise a vendus à des tiers.
- **707 – Ventes de marchandises** – Les marchandises représentent des produits qui ont été achetés pour être revendus tels, sans transformation ni modification, dans le cadre d'une activité de négoce. Ces marchandises achetées avaient été enregistrées au préalable au débit du compte 607, ce qui amène à soulever une remarque importante :
  - la différence entre les comptes 607 (achats) et 707 (ventes) va constituer la marge (correction faite de la variation des stocks de marchandises) ;
  - le premier compte commence par 6 (c'est une charge), le second par 7 (c'est un produit), la somme des produits moins celle des charges va donc représenter le résultat (ici la marge commerciale).

    N. B. : la similitude des numéros de comptes commence à faire apparaître la logique du plan comptable : **607** – *Achats de marchandises* face à **707** – *Ventes de marchandises*.
- **708 – Produits des activités annexes** – Une partie des locaux de l'entreprise est, par exemple, louée à une autre société pour entreposer ses archives et cette location se réalise en dehors de l'activité principale de la société (si l'objet de l'entreprise avait été de louer des locaux, alors dans ce cas cette location aurait été portée au compte *706 – Prestations de services*).
- **709 – Rabais, remises et ristournes accordés par l'entreprise** – Le **9** en troisième position du numéro de compte indique que le compte varie de manière inverse à son groupe de comptes (se reporter à la p. 32 pour plus de détails). En effet, les rabais, remises et ristournes accordés par l'entreprise à ses clients ne

contribuent pas à augmenter les produits, au contraire, ils les font diminuer.

- **74 – Subventions d'exploitation** – Elles sont accordées aux entreprises par des entités publiques (département, région, État, Union Européenne) ou par des organismes privés (fondations) afin de contribuer à l'équilibre financier de l'entreprise ou pour aider un projet bien précis (nouvelle activité, embauche de personnels…).
- **76 – Produits financiers** – Les produits financiers sont issus des placements de l'entreprise en trésorerie et fonds divers (placements financiers, plus-values de SICAV). Ils représentent les intérêts perçus sur ces placements. Les produits financiers (**76**) sont à placer en face des charges financières (**66**), la différence entre ces deux comptes représente le résultat financier, tel qu'on le verra plus tard.

Présentation d'un compte de résultat simplifié

Maintenant que l'ensemble des charges et des produits a été vu, il est possible de bâtir un compte de résultat simplifié. Celui-ci va reprendre les charges – tous les comptes commençant par 6 – et tous les produits de l'entreprise – tous les comptes commençant par 7.

COMPTE DE RÉSULTAT					
Charges			**Produits**		
607	Achat de marchandises	10000	707	Ventes de marchandises	12500
613	Locations	1000	76	Produits financiers	1000
623	Publicité	500			
641	Salaires	2000			
	Total	**13500**		**Total**	**13500**

3. La méthode d'enregistrement des écritures

1. La notion de débit et de crédit

Tout d'abord, il est nécessaire de préciser qu'il est inutile de trouver des moyens mnémotechniques et autres astuces pour retenir et comprendre la notion de débit et de crédit. En effet, « créances » n'est pas à comprendre ou à rapprocher de « crédit ». Au contraire, les créances clients dans un bilan figurent au débit, et les dettes fournisseurs au crédit ! Il vaut mieux essayer de comprendre la logique comptable.

Reprenons une écriture simplifiée pour mieux comprendre.

Date	Compte	Libellé	Débit	Crédit
22/05/2013	626	Frais postaux et de télécommunications	15,00	
22/05/2013	512	Banque		15,00

On voit que :

- la première ligne est passée au débit du compte *626 – Frais postaux et de télécommunications* ;
- la seconde est imputée au crédit du compte *512 – Banque.*

Nous voici à une étape importante de l'apprentissage de la comptabilité où il est important de souligner la particularité du compte *512 – Banque*: pourquoi est-il positionné au crédit alors que l'entreprise effectue un paiement ?

Pour le débutant en comptabilité, le relevé qu'envoie la banque peut être à l'origine d'une difficulté à comprendre les mécanismes comptables de l'entreprise. En effet, le compte *512 – Banque* dans la comptabilité de l'entreprise va se présenter à l'inverse de son compte bancaire, tel qu'il figure sur les relevés adressés par la banque. Il ne faut donc pas se représenter le fonctionnement comptable du compte banque de l'entreprise selon les relevés adressés par la banque, car ce sont les extraits du compte client que vous avez chez elle, dans sa comptabilité.

Par conséquent :

- quand le compte *512 – Banque* dans la comptabilité de l'entreprise est créditeur, il est débiteur sur le relevé bancaire, et inversement ;
- quand l'entreprise fait un paiement, le compte *512 – Banque* est crédité dans sa comptabilité, mais il sera débité sur le relevé de la banque ;
- quand l'entreprise encaisse un chèque, le compte *512 – Banque* est débité dans sa comptabilité et inversement crédité sur le relevé qu'adressera la banque.

Une écriture sur le compte *512 – Banque* est passée à l'inverse de celle du relevé de la banque, d'où la comparaison avec un miroir qui inverse la présentation d'une manière parfaitement symétrique.

Quand vous recevez un relevé bancaire créditeur, il y a lieu d'être satisfait puisque vous n'avez pas de découvert, même si, dans la comptabilité de votre entreprise, la position est débitrice. Les comptes de banque fonctionnent de manière inverse, selon que l'on consulte la comptabilité de son entreprise ou les relevés de sa banque.

Retenez qu'**en comptabilité, dans le compte banque, un encaissement est enregistré au débit et un décaissement au crédit**.

Voici l'illustration de la symétrie entre le compte banque de l'entreprise, et le relevé fourni par la banque.

Relevé adressé par la banque		Extrait du compte 512 – Banque dans la comptabilité de l'entreprise	
Débit	**Crédit**	**Débit**	**Crédit**
	Solde 500	Solde 500	
	Remise de chèques 200	Remise de chèques 200	
Retrait espèces 100			Retrait espèces 100
	Solde créditeur 600	**Solde débiteur 600**	

Dans la comptabilité d'une entreprise, c'est au tableau de droite que l'on doit se conformer.

2. La contre-passation

La contre-passation est la **régularisation d'une écriture erronée**.

À l'époque où la tenue de la comptabilité se faisait à la main, quand il y avait une erreur, les ratures étaient interdites. S'il n'est plus question de raturer puisque la comptabilité se fait maintenant informatiquement, la correction d'une écriture erronée se fait toujours sans directement annuler l'erreur, on ne peut l'effacer. Les écritures comptables doivent conserver une réelle traçabilité : effacer les écritures pour les remplacer comme on en a envie ouvrirait la porte à la fraude, et aucun contrôle ne serait possible.

Voici un exemple. Nous avons enregistré ces mouvements, or nous constatons une erreur : les timbres coûtaient 14 et non 15 €.

Date	Compte	Libellé	Débit	Crédit
22/05/2013	626	Frais postaux et de télécommunications	15,00	
22/05/2013	53	Caisse		15,00

Il existe deux méthodes pour corriger.

Voici la **première méthode** qui se pratique en 2 étapes.

1. **Annulation de l'écriture erronée**

Date	Compte	Libellé	Débit	Crédit
22/05/2013	626	Frais postaux et de télécommunications annule		15,00
22/05/2013	53	Caisse annule	15,00	

Pour annuler l'écriture, nous la passons de manière inversée :

- ce qui avait été passé au débit du compte 626 a été annulé en passant la même somme dans le même compte, mais au crédit ;
- la somme qui avait été passée au crédit du compte 53 a été passée au débit du même compte.

En conséquence, la première écriture est neutralisée. Il reste maintenant à passer la bonne écriture.

2. **Enregistrement de l'écriture pour les montants corrects**

Date	Compte	Libellé	Débit	Crédit
22/05/2013	626	Frais postaux et de télécommunications corrige	14,00	
22/05/2013	53	Caisse corrige		14,00

Après cette régularisation, la somme correcte (14 €) est bien enregistrée au débit et au crédit des comptes concernés.

La **seconde méthode** se fait en une seule étape. Elle ne consiste pas à contre-passer (passer en ordre inverse) les écritures, mais à effectuer, pour la différence, la régularisation.

Date	Compte	Libellé	Débit	Crédit
22/05/2013	626	Frais postaux et de télécommunications régularise		1,00
22/05/2013	53	Caisse régularise	1,00	

Certains logiciels comptables permettent bien sûr de corriger directement une écriture dès lors qu'elle n'est pas validée, mais connaître les possibilités de régularisation d'une écriture erronée vous permet d'avancer dans la compréhension des mécanismes comptables.

3. La partie double

Ces premiers schémas d'écriture vous ont permis d'entrevoir le principe de la partie double. Ce principe est fondamental et s'applique à tous les enregistrements.

La comptabilité fonctionne toujours selon le principe de la partie double :

- il y a toujours **au moins une ligne d'écriture au débit et au moins une ligne d'écriture au crédit** (mais il peut y avoir plusieurs lignes au débit et une seule au crédit pour la même opération, ou vice-versa) ;
- pour une même écriture, **la somme des lignes d'écriture inscrites au débit doit obligatoirement être égale à la somme des lignes d'écriture inscrites au crédit**. En termes comptables, cela indique que l'écriture est « équilibrée »,

Les totaux des documents comptables (journaux, balance, grand-livre...) doivent obligatoirement être identiques (au centime près) au débit et au crédit. Si par exemple la balance est déséquilibrée (totaux différents), cela signifie que la comptabilité est incohérente, sans doute du fait d'écritures non équilibrées. Ce peut être aussi un problème informatique, mais un logiciel comptable ne validera jamais une écriture déséquilibrée. Pour clarifier le principe des écritures, passons maintenant au compte « en T ».

4. Le compte en « T »

Le compte en « T » est le meilleur allié pour comprendre les mécanismes comptables. Il est figuré, comme son nom l'indique, par un T majuscule (une ligne horizontale, placée au-dessus d'une barre verticale séparant le débit à gauche du crédit à droite).

Le compte en « T » a la forme d'un T, qui reprend le sens des écritures : débit à gauche, crédit à droite.

Compte en forme de « T »	
Débit	**Crédit**

Voici l'exemple d'un compte en « T ».

Le compte en « T » permet de suivre les mouvements d'un compte, ici le compte 512 – Banque.

512 Banque	
Débit	**Crédit**

Voici maintenant une démonstration en 2 étapes sur ce même compte.

Nous disposons de 100 € et rien n'est inscrit au crédit, le solde est dit « débiteur » (SD) de 100 €.

512 Banque	
Débit	**Crédit**
Solde début 100	
SD = 100	

Nous émettons maintenant un chèque de 150 € qui va apparaître au crédit. Le compte est désormais « créditeur » (SC) de 50 € ; ce qui veut dire que nous sommes à découvert.

512 Banque	
Débit	**Crédit**
Solde début 100	Chèque 150
Sous-total = 100	Sous-total = 150
	SC = 50

L'utilité du compte en « T » est essentielle. Il permet de mieux comprendre la logique comptable et de visualiser les écritures d'un compte. N'hésitez pas à vous y référer et à vous en servir, si besoin est, pour préparer les cas pratiques : il vous suffit de tracer un grand « T » sur une feuille de papier et de compléter avec les libellés et sommes exacts. D'ailleurs, voici l'occasion de l'expérimenter avec le cas pratique qui suit !

Cas pratique n° 1

Détermination d'un solde bancaire

Afin de déterminer le solde du compte banque, tracez sur une feuille de papier un compte en « T », puis écrivez-y, dans les colonnes concernées, les opérations suivantes :

- 1er mai : solde de début de période = 200,00 €
- 2 mai : remise d'un chèque à l'encaissement = 1 840,00 €
- 3 mai : prélèvement du fournisseur Orange = 57,88 €

- 22 mai : virement pour payer le loyer = 840,00 €
- 28 mai : frais de virement = 2,20 €.

Voir le corrigé p. 178

5. Vos premières écritures

Vous allez maintenant passer vos premières écritures grâce à une série d'opérations. À ce stade de votre apprentissage, je vous conseille de suivre les étapes, même si certaines choses ne vous paraissent pas complètement claires (notamment en ce qui concerne le mécanisme de la TVA). La compréhension globale viendra au fur et à mesure de la lecture de ce livre. Ces premières écritures vont nous permettre de voir une synthèse de l'ensemble des travaux comptables, jusqu'au bilan.

Dans les pages qui suivent, notre exemple explicatif porte sur une société dont l'activité est le négoce des fruits et légumes. Voyons maintenant comment enregistrer les diverses opérations que va faire cette société.

1. **Enregistrement de la facture d'achat de marchandises**

Chaque opération (une opération d'achat ici) nécessite d'être enregistrée comptablement : on parle d'écriture comptable (l'écriture étant constituée de lignes d'écritures).

Fournisseur France Pommes

Facture du *2 mai 2013*

100 kg de pommes

Prix HT = *100,00 €*

TVA 5,5 % = *5,50 €*

TTC = *105,50 €*

Paiement : par chèque, dans 1 mois

Voici l'écriture comptable qui enregistre cette facture d'achat.

Date	Compte	Libellé	Débit	Crédit
02/05/2013	607	Achats de marchandises	100,00	
02/05/2013	44566	TVA déductible sur autres biens et services	5,50	
02/05/2013	401	Fournisseurs		105,50

Remarques :

- pour chaque écriture, n'oubliez pas que le total des débits (ici 105,50 €) est toujours égal au total des crédits ;
- ici nous ne faisons qu'enregistrer la facture d'achat, indépendamment de son paiement (effectué et comptabilisé ultérieurement). Il faut toujours dissocier l'enregistrement des factures de leur paiement ; en comptabilité, ce sont deux opérations différentes.

Voici quelques explications pour ces trois lignes d'écriture.

Nous débitons le compte 607 – Achats de marchandises *du montant HT de la facture. N'oubliez pas : le « 6 » de 607 correspond à un compte de charge, qui diminue le résultat, contribuant ici à une perte de 100 €.*

607 Achats de marchandises	
Débit	**Crédit**
100,00	

Nous débitons le compte de TVA, que nous pourrons récupérer ultérieurement.

TVA déductible sur autres biens et services	
Débit	**Crédit**
5,50	

Nous créditons le compte 401 – Fournisseurs *du montant que nous devrons payer à celui-ci, c'est-à-dire le montant TTC.*

401 Fournisseur	
Débit	**Crédit**
	105,50

Maintenant, nous revendons cette marchandise à un client et, à notre tour, nous établissons une facture ➤

Client Primeur 06

Facture du *6 mai 2013*

100 kg de pommes

Prix HT = *220,00 €*

TVA 5,5 % = *12,10 €*

TTC = *232,10 €*

Paiement : fin mai 2013

2. Enregistrement de la facture de vente de marchandises

L'écriture comptable qui enregistre la facture va se présenter ainsi.

Date	Compte	Libellé	Débit	Crédit
06/05/2013	411	Clients	232,10	
06/05/2013	707	Ventes de marchandises		220,00
06/05/2013	44571	TVA collectée		12,10

Nous débitons le compte client du montant TTC, car c'est la somme que le client nous doit.

411 Client	
Débit	**Crédit**
232,10	

Nous créditons le compte achats de marchandises qui est un compte de produit (classe 7) et qui contribue à un résultat positif (bénéfice).

707 Achats de marchandises	
Débit	**Crédit**
	220,00

Nous avons collecté 12,10 € de TVA que nous devrons reverser au Trésor public.

44571 TVA collectée	
Débit	**Crédit**
	12,10

Nous allons maintenant régler notre fournisseur de pommes.

3. Enregistrement du paiement du fournisseur par chèque

Date	Compte	Libellé	Débit	Crédit
31/05/2013	401	Fournisseurs	105,50	
31/05/2013	512	Banque		105,50

En payant notre fournisseur, nous débitons le compte fournisseurs de la même somme (TTC) que celle qui avait été créditée lors de l'achat. Le débit est égal au crédit : le compte est « soldé ».

401 Fournisseurs	
Débit	**Crédit**
Paiement par chèque	**Facture**
105,50	**105,50**

La seconde ligne d'écriture vient se porter au crédit du compte banque pour 105,50 €.

512 Banque	
Débit	**Crédit**
	105,50

Nous sommes momentanément à découvert, mais heureusement nous allons maintenant encaisser le chèque de notre client.

4. Enregistrement de l'encaissement du chèque de règlement du client

Date	Compte	Libellé	Débit	Crédit
31/05/2013	512	Banque	232,10	
31/05/2013	411	Clients		232,10

Le compte clients est soldé, notre acheteur ne nous doit plus rien.

411 Client	
Débit	**Crédit**
232,10	**232,10**

Et nous disposons maintenant d'un solde débiteur (SD) de 126,60 € au compte banque puisque le crédit précédent de ce compte (105,50) est couvert par ce débit de 232,10.

512 Banque	
Débit	**Crédit**
232,10	**105,50**
SD 126,60	

Maintenant que nous avons abordé cette série d'écritures comptables (facture d'achat, de vente, paiement et encaissement), nous pouvons aller plus loin dans la démonstration de l'enchaînement des travaux comptables, avec une première approche de l'élaboration de quatre documents comptables : le grand-livre, la balance, le bilan, le compte de résultat.

Les écritures que nous venons de faire vont nous aider à présenter ces documents comptables, de façon simplifiée. Ces documents s'enchaînent les uns aux autres, tout en classant et en présentant de manière différente les chiffres.

Voici la chaîne logique :

Écritures ➤ Grand-livre ➤ Balance ➤ Bilan et Compte de résultat

6. Présentation du grand-livre

Le grand-livre reprend, compte par compte, l'ensemble des écritures passées. L'intérêt du grand-livre est de reprendre l'exhaustivité des écritures, compte par compte, et chronologiquement.

Suite à notre série d'écritures, voici un grand-livre au 31 mai 2013.

GRAND-LIVRE GÉNÉRAL au 31/05/2013			
Compte 401 Fournisseur			
Date	**Libellé**	**Débit**	**Crédit**
02/05/2013	Facture achat pommes		105,50
31/05/2013	Règlement par chèque	105,50	
31/05/2013	**Total**	**105,50**	**105,50**
31/05/2013	**Solde**	**0,00**	**0,00**
Compte 411 Client			
06/05/2013	Vente pommes	232,10	
31/05/2013	Règlement client		232,10
31/05/2013	**Total**	**232,10**	**232,10**
31/05/2013	**Solde**	**0,00**	**0,00**
Compte 44566 TVA déductible			
02/05/2013	Facture achat pommes	5,50	
31/05/2013	**Total**	**5,50**	
31/05/2013	**Solde**	**5,50**	
Compte 44571 TVA collectée			
06/05/2013	Vente pommes		12,10
31/05/2013	**Total**		**12,10**
31/05/2013	**Solde**		**12,10**
Compte 512 Banque			
31/05/2013	Chèque fournisseur		105,50
31/05/2013	Règlement client	232,10	
31/05/2013	**Total**	**232,10**	**105,50**
31/05/2013	**Solde**	**126,60**	
Compte 607 Achats de marchandises			
02/05/2013	Facture achat pommes	100,00	
31/05/2013	**Total**	**100,00**	**0,00**
31/05/2013	**Solde**	**100,00**	
Compte 707 Ventes de marchandises			
06/05/2013	Vente pommes		220,00
31/05/2013	**Total**	**0,00**	**220,00**
31/05/2013	**Solde**		**220,00**
	TOTAL GRAND-LIVRE	**232,10**	**232,10**

N.B.: dans le grand-livre, le total des débits est égal au total des crédits, comme dans tous les documents comptables.

Reprenons maintenant les soldes de chaque compte du grand-livre pour élaborer le document suivant, la balance générale.

7. Présentation de la balance

À partir du grand-livre, on extrait les soldes de chaque compte pour élaborer une balance. Voici notre balance au 31 mai 2013.

BALANCE GÉNÉRALE au 31/05/2013						
		Mouvements		Soldes		
Comptes		Débit	Crédit	Débit	Crédit
401	Fournisseurs	105,50	105,50		0,00
411	Clients	232,10	232,10	0,00	
44566	TVA déductible	5,50		5,50	
44571	TVA collectée		12,10		12,10
512	Banque	232,10	105,50	126,60	
607	Achats de marchandises	100,00		100,00	
707	Ventes de marchandises		220,00		220,00
	Total balance	**675,20**	**675,20**	**232,10**	**232,10**

En étudiant les soldes, nous voyons que, là aussi, le total des débits est égal à celui des crédits et qu'il est identique à celui du grand-livre.

À noter : en fonction de ces seules écritures, nous avons 12,10 € de TVA collectée et 5,50 € de TVA déductible. Si nous devions, en fonction de ces seuls éléments, établir une déclaration de TVA pour le mois de mai, nous aurions à payer au Trésor public 6,60 € (12,10 – 5,50), mais nous détaillerons plus tard le mécanisme de la TVA, p. 73.

8. Présentation du bilan et du compte de résultat

Les soldes des comptes de classes 1 à 5 de la balance seront insérés dans le bilan… ➤

Balance			
Compte commençant par	1	⇨	Bilan
Compte commençant par	2		
Compte commençant par	3		
Compte commençant par	4		
Compte commençant par	5		

… et les soldes des comptes de charges (6) et de produits (7) dans le compte de résultat. ➤

Compte commençant par	6	⇨	Compte de résultat
Compte commençant par	7		

Grâce à cette balance, nous obtenons le bilan qui suit au 31/05/2013.

BILAN au 31/05/2013			
Compte	**Libellé**	**Actif**	**Passif**
401	Fournisseurs		0,00
411	Clients	0,00	
44566	TVA déductible	5,50	
44571	TVA collectée		12,10
512	Banque	126,60	
	Sous-total	**131,10**	**12,10**
	Résultat (bénéfice)		120,00
31/05/2013	**Total BILAN**	**132,10**	**132,10**

Remarques :

- Les soldes qui étaient dans la colonne gauche « Débit » de la balance se retrouvent dans la colonne gauche « Actif » du bilan et ceux de la colonne droite « Crédit » dans la colonne droite « Passif ». Les intitulés ont changé, mais la colonne de référence est identique.
- Pour équilibrer le total de l'actif et du passif, nous avons incorporé une ligne intitulée « Résultat ». Nous expliquerons bientôt plus précisément la balance, le bilan et le compte de résultat ainsi que les notions d'actif et de passif.

Voici maintenant notre compte de résultat au 31/05/2013 : lui ne reprend que les comptes de classes 6 et 7. Les colonnes s'appellent « Charges » et « Produits », mais le mécanisme des soldes (Débit vers Charges et Crédit vers Produits) tel qu'expliqué plus haut, est identique.

COMPTE DE RÉSULTAT au 31/05/2013			
Compte	**Libellé**	**Charges**	**Produits**
607	Achat de marchandises	100,00	
707	Ventes de marchandises		220,00
	Sous total	**100,00**	**220,00**
	Résultat	**120,00**	
31/05/2013	**Total Compte résultat**	**220,00**	**220,00**

La ligne de résultat équilibre le compte de résultat :

Total des Produits – Total des Charges = Résultat

Le résultat se retrouve à la fois dans le bilan et dans le compte de résultat : c'est la magie de la comptabilité en partie double !

9. Le traitement comptable résumé en 6 étapes

Voici résumé en 6 étapes, ce que nous venons de voir.

1re étape

Les pièces comptables (factures, reçus, bulletins de salaires, relevés bancaires…) sont utilisées pour les écritures. Elles sont à la base des enregistrements comptables.

2e étape

Les écritures comptables doivent respecter une forme spécifique.

Une date d'enregistrement ↓	Des numéros de compte ↓	Un libellé ↓	Un enregistrement en partie double (débit et crédit) ↓	
Date	**Compte**	**Libellé**	**Débit**	**Crédit**
22/05/2013	626	Frais postaux et de télécommunications	15,00	
22/05/2013	53	Caisse		15,00
L'écriture est toujours équilibrée : total débit = total crédit				

3e étape

Au fur et à mesure de l'enregistrement des écritures, les différents journaux s'élaborent. Les écritures de banque sont enregistrées dans le journal de banque, les écritures d'achats dans le journal d'achats, etc. ➤

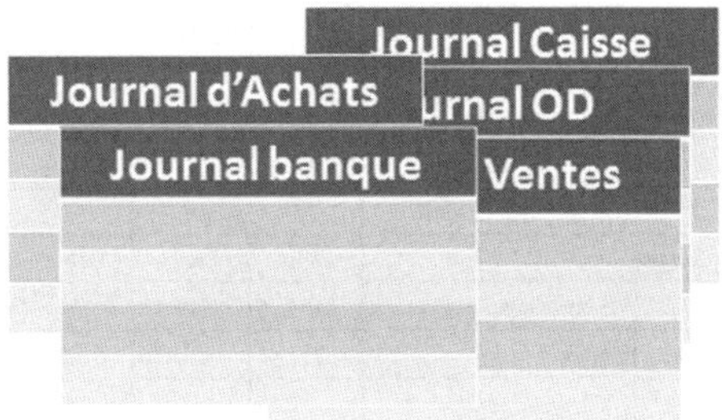

4e étape

Grand livre général au 31/05/2013			
Compte 401 Fournisseurs			
Date	**Libellé**	**Débit**	**Crédit**
02/05/2013	Facture Achat Pommes		105,50
31/05/2013	Règlement par chèque	105,50	
31/05/2013	**Total**	**105,50**	**105,50**
31/05/2013	**Solde**	**0,00**	**0,00**
Compte 411 Clients			

➤ *Les écritures de tous les journaux sont triées par numéros de compte et par date pour constituer le grand-livre.*

5e étape

La balance indique le solde de tous les comptes. ➤

Balance Générale au 31/05/2013					
		Mouvements		Soldes	
Comptes		Débit	Crédit	Débit	Crédit
401	Fournisseurs	105,50	105,50		0,00
411	Clients	232,10	232,10	0,00	
44566	TVA déductible	5,50		5,50	
44571	TVA collectée		12,10		12,10
512	Banque	232,10	105,50	126,60	
607	Achat de marchandises	100,00		100,00	
707	Ventes de marchandises		220,00		220,00
	Total balance	**675,20**	**675,20**	**232,10**	**232,10**

6e étape

Les soldes de la balance permettent d'élaborer le bilan pour les comptes de classes 1, 2, 3, 4, 5, et le compte de résultat pour les comptes de classes

6 et 7. Le bilan et le compte de résultat viennent clôturer l'exercice comptable.

Balance Générale au 31/05/2013					
		Mouvements		Soldes	
Comptes		Débit	Crédit	Débit	Crédit
401	Fournisseurs	105,50	105,50		0,00
411	Clients	232,10	232,10	0,00	
44566	TVA déductible	5,50		5,50	
44571	TVA collectée		12,10		12,10
512	Banque	232,10	105,50	126,60	

Bilan	
ACTIF	PASSIF

Dans cet ouvrage, dont le but est de découvrir les mécanismes de la comptabilité, la part faite à la compréhension est largement privilégiée, au détriment de la seule mémorisation. Ceci pour deux raisons : c'est plus efficace et c'est plus agréable. Toutefois, parce que certaines notions vous seront très utiles pour la suite, le tableau ci-dessous vous propose de mémoriser trois éléments importants éclatés en « postulat » et « déduction ». En retenant ces principes ou en s'y référant régulièrement, votre compréhension globale des mécanismes comptables n'en sera que facilitée.

Postulat	Déduction
❶ Une entrée d'argent est portée au débit du compte banque (512). L'entreprise dispose d'une somme en banque quand ce compte est débiteur.	➤ Une sortie d'argent est portée au crédit du compte banque (512).
❷ Une facture client est enregistrée pour son montant TTC au débit du compte clients (411). C'est la somme que le client devra régler à l'entreprise.	➤ Quand on encaisse le règlement du client, on crédite le compte clients (411) et on débite le compte banque (512) du même montant.
❸ Une facture fournisseurs est enregistrée pour son montant TTC au crédit du compte fournisseurs (401). C'est la somme que l'entreprise devra payer à son fournisseur.	➤ Quand l'entreprise règle son fournisseur, on débite le compte fournisseurs (401) et on crédite le compte banque (512) du même montant.

4. Les fournisseurs

La première partie du livre posait les bases théoriques essentielles de la comptabilité. Voici maintenant une série de chapitres où la priorité est donnée aux cas pratiques et applicatifs.

Pour comprendre plus finement les mécanismes expliqués, vous allez devoir passer un certain nombre d'écritures dans les journaux, dont voici un modèle très simplifié.

JOURNAL:				
Date	Compte	Libellé	Débit	Crédit

En situation réelle, si la tenue de la comptabilité est désormais informatisée, la saisie informatique des écritures n'en respecte pas moins cette même architecture. À minima, on trouve toujours les cinq colonnes de base (date, numéro, libellé, débit et crédit), mais on voit parfois d'autres colonnes pour préciser la référence, le n° de ligne, la date d'échéance…

1. Comptabilisation des factures d'achats et de frais généraux

Nous allons maintenant enregistrer diverses factures (fournisseurs et frais généraux), mais également le paiement de ces factures.

Rappel :

- Lorsqu'on enregistre une facture d'achat, on enregistre nécessairement une charge, qui se place au débit d'un compte de classe 6, l'ensemble des charges venant diminuer le résultat.
- Une charge est engagée lors de l'enregistrement de la facture, indépendamment de son règlement qui intervient généralement après.
- Il faudra donc enregistrer deux écritures : la facture d'achat à la date de la facture et son paiement à la date du paiement.

Zoom

Les délais de paiement

Depuis la loi de modernisation de l'économie (LME), en 2008, les délais de paiement entre professionnels sont réglementés afin de limiter les retards abusifs. En effet, certains délais pouvaient atteindre 120 jours, voire plus…, ce qui pénalisait grandement la trésorerie de certains fournisseurs et les rendait vulnérables face à des défauts de paiement.

Désormais les délais de paiement maximum sont de 60 jours calendaires ou 45 jours fin de mois, sauf cas particuliers et hors certains secteurs d'activité. Les délais de paiement sont donc limités…, mais en théorie seulement : il est parfois difficile de contraindre un client à se plier strictement à ces règles.

Si la LME permet de facturer automatiquement des pénalités pour retard de paiement, il est toujours délicat de le faire au regard de bonnes relations commerciales établies avec ses clients.

A. Enregistrement des factures des fournisseurs

Nous avons essayé de diversifier les factures que vous allez trouver tout au long de ces pages pour que la plupart des cas se présentant quotidiennement dans une entreprise soient traités : factures avec ou sans TVA, honoraires, loyer avec ses charges... Parfois, vous trouverez aussi dans les journaux d'enregistrement des remarques destinées à expliciter certaines écritures.

Voici maintenant les deux premières factures à enregistrer.

Quincaillerie STROL

Facture du *22/05/2013*

Produits d'entretien

Prix HT = *30,00 €*

TVA 5,5 % = *5,88 €*

TTC = *35,88 €*

Buro +

Facture du *24/05/2013*

Ramettes de papier

Prix HT = *80,00 €*

TVA 5,5 % = *15,68 €*

TTC = *95,68 €*

Voici la saisie de ces deux factures portée au journal des achats.

JOURNAL : ACHATS (mai 2013)				
Date	**Compte**	**Libellé**	**Débit**	**Crédit**
		Facture Quincaillerie Strol		
22/05/2013	6063	Fournitures d'entretien et petit équipement	30,00	
22/05/2013	44566	TVA déductible/ABS	5,88	
22/05/2013	401	Fournisseurs		35,88
		Facture Buro +		
24/05/2013	6064	Fournitures administratives	80,00	
24/05/2013	44566	TVA déductible/ABS	15,68	
24/05/2013	401	Fournisseurs		95,68
À noter que la TVA déductible/ABS veut dire TVA déductible sur autres biens et services. Ce compte de TVA se différencie de la TVA sur immobilisations, comme on le verra plus loin.				

Par convention, nous recommandons de toujours inscrire les lignes de débit avant celles de crédit. C'est une habitude qui facilite la compréhension des mécanismes comptables (même si l'écriture des lignes de crédit avant est tout à fait valable).

Enregistrons sur le même principe 3 nouvelles factures.

GP Bureautique
Facture du *23/05/2013*
Crédit-bail d'un photocopieur
Prix HT = *130,00 €*
TVA 5,5 % = *25,48 €*
TTC = *155,48 €*

Les Deux Cécile
Facture du *2/05/2013*
2 plats du Jour
TTC = *48 €*

Assurances Cabaret
Facture du *7/05/2013*
Assurance des locaux
280 €

Voici l'enregistrement de ces 3 factures.

JOURNAL : ACHATS (mai 2013)				
Date	**Compte**	**Libellé**	**Débit**	**Crédit**
Facture GP Bureautique				
23/05/2013	612	Redevance crédit-bail	130,00	
23/05/2013	44566	TVA déductible/ABS	25,48	
23/05/2013	401	Fournisseurs		155,48
Facture Les 2 Cécile				
02/05/2013	625	Déplacements, missions, réceptions	48,00	
02/05/2013	401	Fournisseurs		48,00
La TVA peut être récupérée sur les notes de restaurant (dans un cadre professionnel). Comme ici la TVA n'est pas précisée sur la note, il est donc impossible de la comptabiliser, et par voie de conséquence de la récupérer. Une TVA non récupérée étant un manque à gagner pour l'entreprise, il vaut toujours mieux demander une facture (ou une note) où la TVA est spécifiée.				
Facture Assurances Cabaret				
07/05/2013	616	Primes d'assurances	280,00	
07/05/2013	401	Fournisseurs		280,00
Aucune TVA ne s'applique sur les assurances. De fait, l'entreprise ne pourra la récupérer.				

Et on continue avec 3 nouvelles factures.

Garage Père Auto
Facture du *10/05/2013*
Vidange voiture (utilitaire)
Prix HT = *99,00 €*
TVA 19,6 % = *19,40 €*
TTC = *118,40 €*

A. Picaud
Note d'honoraire du *13/05/2013*
Prix HT = *5 000,00 €*
TVA 19,6 % = *980 €*
TTC = *5 980 €*

SCI SEB
Facture du *16/05/2013*
Loyer de mai = 900,00 €
Charges locatives = 80,00 €
Total à payer = *980 €*

JOURNAL : ACHATS (mai 2013)				
Date	**Compte**	**Libellé**	**Débit**	**Crédit**
		Facture Garage Père Auto		
10/05/2013	615	Entretien et réparations	99,00	
10/05/2013	44566	TVA déductible/ABS	19,40	
10/05/2013	401	Fournisseurs		118,40
		Note d'honoraires Picaud Expert-comptable		
13/05/2013	622	Honoraires	5000,00	
13/05/2013	44566	TVA déductible/ABS	980,00	
13/05/2013	401	Fournisseurs		5980,00
		SCI SEB		
16/05/2013	613	Locations (mai)	900,00	
16/05/2013	614	Charges locatives	80,00	
16/05/2013	401	Fournisseurs		980,00
Dans le cas d'une location, on récupère la TVA si le bailleur y est assujetti. Ici, ce n'est pas le cas.				

Il apparaît que les opérations d'achats ont toutes été enregistrées de la même manière : le compte de charge est débité pour le montant HT de la facture et s'accompagne, toujours au débit, d'un compte de TVA déductible quand elle existe avec le montant correspondant. Ensuite, l'écriture est équilibrée au crédit par le montant TTC dû au fournisseur. Seuls changent les libellés et numéros de comptes correspondant aux charges, en fonction de leur nature.

Effectuons une pause dans l'enregistrement des factures d'achats pour souligner les points suivants :

- Nous avons jusqu'ici toujours crédité le compte *401 – Fournisseurs*. En réalité, dans la comptabilité d'une entreprise, il existe plusieurs comptes de fournisseurs, selon leur importance et la régularité de leurs factures. On aura, par exemple : *401010 – Buro +*, *401020 – Cabaret*, *401030 – Divers*, *401040 – EDF*, etc.

  Ces sous-comptes fournisseurs peuvent être centralisés dans le compte générique *401 – Fournisseurs*. La Direction générale de la comptabilité publique définit parfaitement la notion de centralisation : « *La centralisation comptable est l'intégration d'une comptabilité de niveau inférieur dans une comptabilité de niveau supérieur* ».

- Si par exemple la facture de la brasserie Les 2 Cécile avait porté la mention « Règlement comptant en espèces », elle n'aurait pas été enregistrée au crédit du compte *401 – Fournisseurs,* mais au crédit du compte *53 – Caisse,* comme ci-après. Et la facture ne devra pas être réglée au fournisseur puisqu'elle a déjà été payée au comptant.

Facture Les 2 Cécile				
Date	**Compte**	**Libellé**	**Débit**	**Crédit**
02/05/2013	625	Déplacements, missions, réceptions	48,00	
02/05/2013	53	Caisse		48,00

- Les libellés peuvent aussi différer selon l'organisation comptable de l'entreprise : ici, « Caisse » est changé en « Paiement espèces ». Le libellé n'est pas primordial, l'important est de bien imputer l'écriture.

Facture Les 2 Cécile				
Date	**Compte**	**Libellé**	**Débit**	**Crédit**
02/05/2013	625	Brasserie les 2 Cécile	48,00	
02/05/2013	53	Paiement espèces		48,00

Continuons avec 3 nouvelles factures.

EDF

Facture du *22/05/2013*

Abonnement : *14,40 €*

Contribution d'acheminement : *2,16 €*

TVA 5,5 % = *0,91 €*

Consommation : *21,21 €*

TVA 19,6 % = *4,16 €*

Total = *42,84 €*

Orange

Facture du *06/05/2013*

Téléphone mois d'avril

HT : *52,00 €*

TVA : *10,19 €*

TTC : *62,19 €*

TAXIS Vendeirinho

Note du *16/05/2013*

33,50 €

Selon les accords en compte : payable en fin de mois.

JOURNAL: ACHATS (mai 2013)				
Date	**Compte**	**Libellé**	**Débit**	**Crédit**
		Facture EDF		
22/05/2013	401	Fournisseurs		42,84
22/05/2013	44566	TVA	5,07	
22/05/2013	6061	Fournitures non stockables (énergie, combustible, eau)	37,77	
La facture d'électricité est un peu particulière, car elle détaille des taxes et sous-totaux divers. Il est donc plus facile ici de commencer par saisir au crédit le montant TTC, facilement identifiable, puis la TVA (0,91 + 4,16). La différence entre le TTC et la TVA représente notre charge HT (42,84 – 5,07) que nous imputerons au débit du compte 6061.				
		Facture Orange		
06/05/2013	626	Frais de téléphone	52,00	
06/05/2013	44566	TVA déductible/ABS	10,19	
06/05/2013	401	Fournisseurs		62,19
		Note Taxi Vendeirinho		
16/05/2013	625	Déplacements, missions, réceptions	33,50	
16/05/2013	401	Fournisseurs		33,50
Il n'y a pas de TVA récupérable sur les transports de personnes (taxi, train, avion, transports en commun).				

B. Enregistrement des paiements aux fournisseurs

Nous allons procéder maintenant à l'enregistrement des paiements, par chèque en fin de mois, des trois factures précédentes (EDF, Orange, et Taxis Vendeirinho), au journal de banque. Deux méthodes sont possibles.

■ Méthode n° 1 : une écriture par opération

JOURNAL: BANQUE				
Date	**Compte**	**Libellé**	**Débit**	**Crédit**
		Paiement par chèques		
31/05/2013	401	EDF	42,84	
31/05/2013	512	Banque		42,84
31/05/2013	401	Orange	62,19	
31/05/2013	512	Banque		62,19
31/05/2013	401	Vendeirinho	33,50	
31/05/2013	512	Banque		33,50

■ Méthode n° 2 : une contrepartie en fin d'écriture

JOURNAL : BANQUE				
Date	**Compte**	**Libellé**	**Débit**	**Crédit**
31/05/2013	401	EDF	42,84	
31/05/2013	401	Orange	62,19	
31/05/2013	401	Vendeirinho	33,50	
31/05/2013	512	Banque – Chèques fournisseurs		138,53

Les deux méthodes sont valables. La seconde est plus rapide, mais elle ne permet pas de connaître le détail des opérations. En regardant le compte *512 – Banque*, nous n'avons qu'une seule ligne pour un total de 138,53 €, ce qui rend difficile l'analyse.

Nous affinerons les opérations de banque au chapitre 8.

2. L'avoir

Un avoir est une facture, mais une **facture négative**. On l'aura compris : il ne faut en aucun cas payer un avoir, au contraire il donne lieu à une déduction. L'avoir a généralement le même aspect qu'une facture, mais il peut prendre deux formes différentes :

- Soit l'intitulé « avoir » figure en lieu et place de la mention « facture ».
- Soit la mention facture demeure mais son montant est négatif.

Voici deux avoirs différents dans leur forme, mais identiques dans leur montant.

Serrurerie du Pont
Avoir n° 22 du *22/02/2013*
100 € TTC
Dont TVA 19,60 %

Serrurerie du Pont
Facture n° 22 du *22/02/2013*
– 100 € TTC
Dont TVA 19,60 %

L'avoir s'enregistre dans le sens inverse de l'enregistrement d'une facture dont il vient en déduction

JOURNAL : ACHATS (février 2013)				
Date	**Compte**	**Libellé**	**Débit**	**Crédit**
		Avoir Serrurerie du Pont		
22/02/2013	401	Fournisseurs	100,00	
22/02/2013	615	Entretien et réparation		83,61
22/02/2013	44566	TVA déductible sur ABS		16,38

Pour l'illustrer, prenons le cas d'une facture établie par un fournisseur (Le Bazar Didot), qui s'aperçoit que la facture est erronée. Il l'annule totalement avec un avoir, puis établit la facture correcte.

Bazar Didot
Facture n°88 du *14/05/2013*
Vente tabourets
Prix unitaire : 15 €
Quantité : 20
Total HT : *300,00 €*
TVA : *58,80 €*
TTC : *358,80 €*

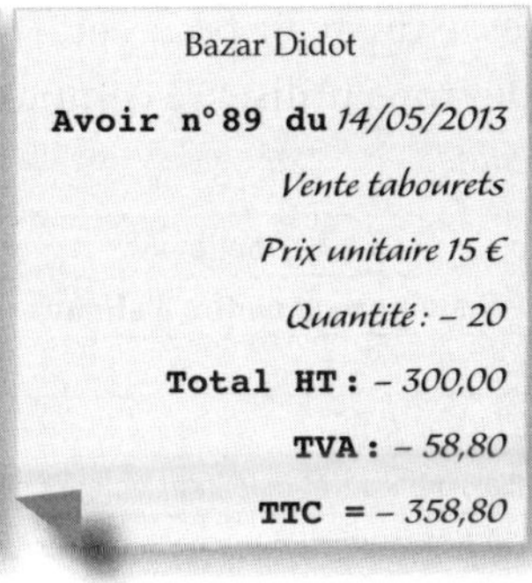
Bazar Didot
Avoir n° 89 du *14/05/2013*
Vente tabourets
Prix unitaire 15 €
Quantité : – 20
Total HT : *– 300,00*
TVA : *– 58,80*
TTC = *– 358,80*

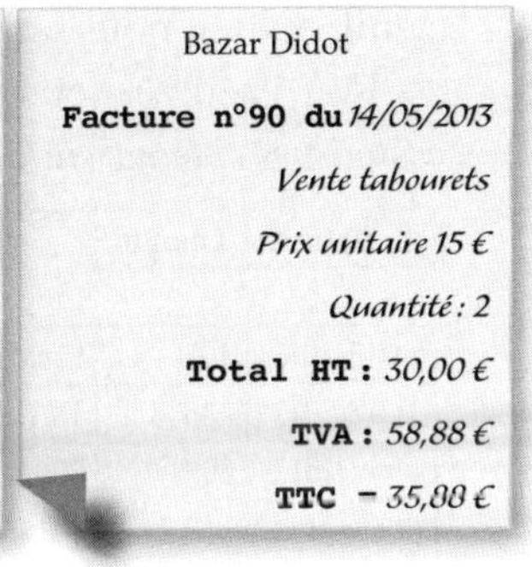
Bazar Didot
Facture n°90 du *14/05/2013*
Vente tabourets
Prix unitaire 15 €
Quantité : 2
Total HT : *30,00 €*
TVA : *58,88 €*
TTC *– 35,88 €*

Voici ces pièces enregistrées dans la comptabilité du client.

JOURNAL : ACHATS (mai 2013)				
Date	**Compte**	**Libellé**	**Débit**	**Crédit**
		Bazar Didot Facture n° 88		
14/05/2013	6063	Fournitures d'entretien et de petit équipement	300,00	
14/05/2013	44566	TVA déductible sur ABS	58,80	
14/04/2013	401	Fournisseurs – Bazar Didot		358,80
		Bazar Didot Avoir n° 89		
14/05/2013	6063	Fournitures d'entretien et de petit équipement		300,00
14/05/2013	44566	TVA déductible sur ABS		58,80
14/04/2013	401	Fournisseurs – Bazar Didot	358,80	
		Bazar Didot Facture n° 90		
14/05/2013	6063	Fournitures d'entretien et de petit équipement	30,00	
14/05/2013	44566	TVA déductible sur ABS	5,80	
14/04/2013	401	Fournisseurs – Bazar Didot		35,80

N.B. : le fournisseur aurait pu tout aussi bien établir un avoir partiel pour la différence de 18 tabourets.

3. Cas particuliers

A. Rabais, remises et ristournes ne se rapportant à aucune facture précise

Si notre fournisseur de marchandises nous a promis une ristourne annuelle sur notre chiffre d'affaires dès qu'il dépasse un certain seuil, et qu'il nous adresse un avoir pour cette ristourne de 1 000 € HT (+ TVA 19,60 %), nous devrons utiliser le compte *609 – Rabais, remises et ristournes obtenus sur achats.*

Date	Compte	Libellé	Débit	Crédit
		Ristourne sur chiffre d'affaires		
31/12/2013	401	Fournisseurs	1 196,00	
31/12/2013	44566	TVA déductible/ABS		196,00
31/12/2013	609	609 Rabais, remises et ristournes obtenus sur achats		1 000,00
Le compte 609 – Rabais, remises et ristournes *obtenus sur achats est généralement utilisé quand la réduction ne se rapporte à aucune facture précise.*				

B. Les acomptes faits à la commande

Il arrive que l'entreprise ait à verser un acompte à la commande. Il faut alors enregistrer cet acompte au journal de banque en utilisant le compte *4091 – Fournisseurs, avances et acomptes versés.*

Date	Compte	Libellé	Débit	Crédit
		Paiement acompte (Journal Banque)		
15/05/2013	4091	Fournisseurs, avances et acomptes versés	500,00	
15/05/2013	512	Banque		500,00

On note que le compte *4091 – Fournisseurs, avances et acomptes versés* comporte le chiffre 9 en 3e position, ce qui indique que ce compte s'inscrit dans le sens opposé du compte principal auquel il se rapporte (voir p. 32 l'inversion des comptes). Le 4091 s'inscrit au débit quand le compte 401 s'inscrit habituellement au crédit.

À la livraison, sur la facture du fournisseur devra figurer l'acompte venant en déduction du net à payer. ➤

Fournisseur

Facture du *06/05/2013*

Vente marchandises

HT : *1000,00 €*

TVA : *196,00 €*

TTC : *1196,00 €*

Acompte : *– 500,00 €*

Net à payer : *696,00 €*

Voici comment enregistrer cette facture.

JOURNAL: ACHATS				
Date	**Compte**	**Libellé**	**Débit**	**Crédit**
		Facture Achat Marchandises		
06/05/2013	607	Achat de marchandises	1 000,00	
d°	44566	TVA déductible	196,00	
d°	4091	Fournisseurs, avances et acomptes versés		500,00
d°	401	Fournisseurs		696,00
		Total	**1 196,00**	**1 196,00**

Remarques :

- Le solde est bien sûr équilibré, et le compte *4091 – Fournisseurs, avances et acomptes versés* soldé.
- Le signe « **d°** » ou « dito » signifie en jargon comptable que l'information est identique à la précédente : ici il s'agit de la date.

Parfois la facture est plus complexe et son enregistrement aussi. ➤

Cabaret SARL

Facture du *24/05/2012*

Achat de marchandises

HT : *10 000,00 €*

Remise commerciale : *– 500,00 €*

Net commercial : *9 500,00 €*

Frais de port : *400,00 €*

Escompte 2 % pour paiement anticipé : *– 198,00 €*

Sous-total HT : *9 702,00 €*

TVA 19,60 % : *1 901,59 €*

Total TTC : *11 603,59 €*

Voici comment nous allons enregistrer cette facture.

Date	Compte	Libellé	Débit	Crédit
		Facture Cabaret		
24/05/2013	607	Achat marchandises	9 500,00	
24/05/2013	44566	TVA déductible/ABS	1 901,59	
24/05/2013	6241	Transports sur achats	400,00	
24/05/2013	765	Escomptes obtenus		198,00
24/05/2013	401	Fournisseurs		11 603,59
		Total	**11 801,59**	**11 801,59**

Remarques :

- On enregistre au débit du compte *607 – Achats marchandises* uniquement le net HT, c'est-à-dire remise déduite.
- L'escompte obtenu pour paiement anticipé figure impérativement au crédit du compte *765 – Escomptes obtenus*. Il n'est pas rattaché à l'achat des marchandises mais au délai de règlement.
- Concernant les frais de port liés aux achats, existent d'autres alternatives que l'enregistrement au compte 6241, voir p. 158 l'enregistrement des frais accessoires.

Cas pratique n°2

Enregistrement des factures d'achats

Vous allez enregistrer les factures qui suivent. Pour vous aider, voici un extrait du plan comptable des comptes qui vous seront nécessaires : *401 – Fournisseurs, 44566 – TVA déductible sur autres biens et services, 512 – Banque, 613 – Locations, 615 – Entretien et réparations, 622 – Honoraires, 623 – Publicité, 626 – Frais postaux*

Ensuite, vous enregistrerez les paiements des trois premières factures : par chèque en date du 16 mai.

CAMPION Gérance

Facture du *3/05/2013*

Loyer de mai

HT : *550,00 €*

TVA : *107,80 €*

TTC : *657,80 €*

Josette Nettoyage

Facture du *13/05/2013*

Nettoyage des locaux

HT : *130,00 €*

TVA : *25,48 €*

TTC : *155,48 €*

Woai Laopo
Avocat d'affaires

Honoraires du *14/05/2013*

Conseils

1196,00 € **TTC**

dont TVA *196,00 €*

75 annonces

Facture du *15/05/2013*

Parution de votre publicité

HT : *360,00 €*

TVA : *70,56 €*

TTC : *430,56 €*

La Poste

Facture du *16/05/2013*

Affranchissements

55,00 €

Voir le corrigé page 179.

4. À propos des immobilisations

Nous verrons plus en détail le sujet des immobilisations p. 116, mais il était nécessaire de les aborder ici, dans ce chapitre sur les fournisseurs.

Quand l'entreprise réalise un investissement pour **un bien destiné à être utilisé plusieurs années** (photocopieuse, ordinateur, machine-outil...), et même s'il s'agit bien d'un achat, l'enregistrement de la facture d'achat ne se fera pas au débit d'un compte de charge (classe 6), mais au débit d'un compte de classe 2 (immobilisations).

Voici l'exemple d'un camion acheté 50 000 € HT (TVA à 19,6 %) le 22 mai.

JOURNAL: ACHATS				
Date	**N° compte**	**Libellé**	**Débit**	**Crédit**
22/05/2013	2182	Matériel de transport	50 000,00	
22/05/2013	44562	TVA sur immobilisations	9 800,00	
22/05/2013	404	Fournisseurs d'immobilisations		59 800,00

5. Connaissez-vous les 4 « A » ?

En matière de facturation, quatre termes – Avoir, Arrhes, Acompte, Avance – représentent des diminutions venant réduire le montant final à payer. Leur signification est différente, de par leur nature ou leurs conséquences juridiques. En voici l'explication.

❶ **Avance**	**A** C'est une somme payée à la commande qui engage le vendeur et l'acheteur. Aucun ne pourra se désister, sauf à risquer un recours en justice de l'autre partie qui est en droit de réclamer des dommages et intérêts.
❷ **Acompte**	**B** Cette somme est versée pour une commande déjà partiellement honorée. Elle signifie aussi l'engagement de l'acheteur et du vendeur. En cas de désistement de l'un des deux, l'autre peut légalement exiger l'exécution du contrat et réclamer des dommages et intérêts.
❸ **Avoir**	**C** C'est une facture négative que le vendeur pourra, soit rembourser au client, soit en déduire le montant sur une facture d'achat future.
❹ **Arrhes**	**D** La somme, versée à la commande, est perdue par le client si ce dernier renonce à la transaction. Si c'est le vendeur qui renonce à la transaction, c'est lui qui devra verser le double de la somme à l'acheteur. Les deux parties sont néanmoins libres d'arrêter la transaction.

5. Les clients

1. Enregistrement des factures de vente

Au chapitre précédent, l'entreprise procédait à l'enregistrement de ses factures fournisseurs et à leur paiement. Considérons maintenant l'entreprise en tant que fournisseur elle-même et étudions toutes les opérations relatives à ses clients. Les explications débutent avec l'enregistrement d'une facture type.

Notre Société

Facture du *13/05/2013*

Client Rémy

Vente de marchandises

HT : *5 000,00 €*

TVA = *980,00 €*

TTC : *5 980,00 €*

JOURNAL: VENTES				
Date	**Compte**	**Libellé**	**Débit**	**Crédit**
		Facture Rémy		
13/05/2013	411	Clients	5980,00	
13/05/2013	707	Vente de marchandises		5000,00
13/05/2013	44571	TVA collectée		980,00
		Total	**5980,00**	**5980,00**

Remarques :

- Le compte *411 – Clients* est débité du montant TTC quand le compte *707 – Ventes de marchandises* (**7** = un compte de produits) est crédité du montant HT.
- La TVA est désormais **collectée** et au débit. Et son numéro de compte, 4457, porte également un 7 en 4e position pour faire le pendant avec le compte de produits 707.

On s'aperçoit bien que l'enregistrement d'une facture de vente présente une certaine symétrie avec celui d'une facture d'achat : le compte de charges, commençant par le chiffre **6**, s'accompagnait au débit du compte 445**6**6 (TVA déductible) qui porte un **6** en 4e position.

Concrètement, l'enregistrement des factures de ventes se passe souvent comme on vient de le voir, mais le compte de produits utilisé peut varier selon le type d'activité ou les prestations de l'entreprise. Voici les comptes que l'entreprise peut utiliser quand elle réalise une prestation de vente :

- 701 – Ventes de produits finis
- 703 – Ventes de produits résiduels
- 704 – Travaux
- 706 – Prestations de services
- 707 – Ventes de marchandises
- 708 – Produits des activités annexes
- 709 – Rabais, remises et ristournes accordés par l'entreprise

N.B. : par exception aux autres comptes de produits, le compte *709 – Rabais, remises et ristournes accordés* par l'entreprise est enregistré au débit, tout comme le compte *609 – Rabais, remises et ristournes obtenus sur achats* était enregistré au crédit par opposition aux autres comptes de charges enregistrés au débit.

Notre entreprise décide maintenant de faire une facture d'avoir de 500 € HT à son client. Puisque la facture est négative, c'est bien un avoir. ➤

Notre Société

Avoir du *13/05/2013*

Client Rémy

Vente de marchandises

HT : -500,00 €

TVA : -98,00 €

TTC : -598,00 €

Cet avoir sera enregistré dans le journal des ventes de manière inversée par rapport à la facture initiale.

JOURNAL : VENTES				
Date	**Compte**	**Libellé**	**Débit**	**Crédit**
		Avoir Rémy		
13/05/2013	411	Clients		598,00
13/05/2013	707	Vente de marchandises	500,00	
13/05/2013	44571	TVA collectée	98,00	
		Total	**598,00**	**598,00**

Voici maintenant une facture de notre entreprise un peu plus compliquée puisqu'il y a un escompte et des frais de port. ➤

Notre Société

Facture du *16/05/2012*

Client *Alexandre*

Marchandises **HT :** *5 000,00 €*

Escompte 3 % pour paiement anticipé : *-150,00 €*

Frais de Port : *100,00 €*

Sous-total HT : *4 950,00 €*

TVA 19,6 % : *970,20 €*

Total TTC : *5 920,20 €*

Voici l'enregistrement de cette facture.

JOURNAL: VENTES				
Date	**Compte**	**Libellé**	**Débit**	**Crédit**
Facture Alexandre				
16/05/2013	411	Clients	5920,20	
16/05/2013	665	Escomptes accordés	150,00	
Les escomptes accordés sont indépendants de la transaction principale (la vente des marchandises), ils correspondent à une minoration pour un paiement anticipé.				
16/05/2013	7085	Ports et frais accessoires facturés		100,00
16/05/2013	707	Ventes de marchandises		5000,00
16/05/2013	44571	TVA collectée		970,20
		Total	**6070,20**	**6070,20**

On enregistre maintenant le règlement par chèque du client.

JOURNAL: BANQUE				
Date	**Compte**	**Libellé**	**Débit**	**Crédit**
Paiement Alexandre				
16/05/2013	512	Chèque Alexandre	5920,20	
16/05/2013	411	Clients		5920,20

Si on devait encaisser du même client un acompte de 1000 €, l'écriture serait passée avec le compte *4191 – Clients, avances et acomptes reçus.*

JOURNAL: BANQUE				
Date	**Compte**	**Libellé**	**Débit**	**Crédit**
22/05/2013	512	Chèque Alexandre	1000,00	
22/05/2013	4191	Clients, avances et acomptes reçus		1000,00

Cas pratique n°3

Enregistrement des factures de ventes

Enregistrez les factures suivantes, puis, pour les deux premières, leur règlement par chèque le 6 juin.

Notre Société

Facture du *04/06/2013*

Client *Sébastien*

Prestations études et conseils pour mai

HT : *2 000,00 €*

TVA : *392,00 €*

Total TTC : *2 392,00 €*

Acompte : *– 500,00 €*

Net à payer : *1892,00 €*

Notre Société

Facture du *05/06/2013*

Client *Alexandre*

Ventes marchandises

HT : *800,00 €*

Escompte pour paiement anticipé : *– 8,00 €*

TVA : *155,23 €*

Total TTC : *947,23 €*

Notre Société

Avoir du *31/12/2013*

Client *Alexandre*

Cher Client,

Vos achats de marchandises ayant atteint en 2013 la somme de 5 000,00 €, une ristourne de 1 % vous est accordée.

HT : *– 50,00 €*

TVA : *– 9,80 €*

Somme en votre faveur : *59,80 €*

Voir le corrigé page 180.

Zoom

Les éléments de forme, le contenu et les mentions obligatoires d'une facture

La facture est un document que doivent établir :

- les fournisseurs pour indiquer le transfert de propriété des biens vendus ;
- les prestataires pour indiquer la réalisation d'un service.

Si la forme de la facture est assez libre dans sa présentation, elle doit néanmoins comporter un certain nombre d'informations obligatoires, comme :

- la **date** et le **numéro** (avec une numérotation consécutive) **de la facture** ;
- la **raison sociale du vendeur** (le nom de la société) et son **adresse** ;

- le **type de société** (SARL, SA, EURL, SAS...) et son capital social ;
- les **numéros** de **Siret** et de **TVA** ;la **date d'échéance** et les délais de règlement ;
- les **conditions d'escompte** en cas de paiement effectué avant l'échéance ;
- les **pénalités pour retard de paiement** encourues par le client ;
- le **nom du client** et son **adresse** ;
- la **désignation des produits vendus** ou **des prestations réalisées** ;
- les **quantités**, les **prix hors taxes par article** ;
- le **taux de TVA** ;
- les **rabais, remises, ristournes** accordés quand il y en a ;
- le total HT, le montant de la TVA et le total TTC.

Notez qu'une facture peut être réalisée sous forme dématérialisée (support informatique).

2. Connaissez-vous les 3 « R » et l'Escompte ?

Ces termes – **Remise**, **Rabais**, **Ristourne**, **Escompte** – correspondent tous les quatre à une diminution de la somme à payer, mais leur signification est différente. En voici l'explication.

❶ **Remise**	**A** Cette déduction résulte principalement d'un geste commercial.
❷ **Rabais**	**B** C'est une diminution du prix de vente résultant d'un défaut de qualité du produit ou de la marchandise vendue.
❸ **Ristourne**	**C** Cette déduction est accordée au client en fonction d'un certain chiffre d'affaires atteint sur une période donnée, afin d'encourager le volume de ses achats. Exemple : « 2 % de ristourne accordée à partir de 25 000 € d'achats ».
❹ **L'escompte**	**D** Cette diminution du prix à payer fait suite à un paiement anticipé du client. Si les conditions de l'escompte ne figurent pas sur la facture, le fournisseur n'est pas contraint de l'accorder.

6. La taxe sur la valeur ajoutée (TVA)

1. Principes généraux

La taxe sur la valeur ajoutée ou TVA est une invention française créée en 1954, qui a, depuis, été adoptée par de nombreux pays dans le monde ! La TVA est un impôt indirect supporté par le consommateur final, c'est-à-dire le particulier qui ne récupère pas la TVA.

Quand les entreprises réalisent des ventes auprès de leurs clients, au montant hors taxe qu'elles facturent s'ajoute la TVA qu'elles collectent pour le compte du Trésor public. Et quand elles réalisent des achats auprès de leurs fournisseurs, elles payent de la TVA qu'elles vont pouvoir « récupérer » auprès du Trésor public. Ainsi, elles collectent de la TVA (sur leurs ventes) mais, avant de la reverser au Trésor public, elles déduisent la TVA qu'elles ont payée (sur leurs achats). La TVA à payer au Trésor public, pour une période donnée (au titre du mois, par exemple), va se calculer selon la formule suivante :

TVA à payer = TVA collectée sur ventes – TVA déductible sur achats

Finalement, les entreprises agissent auprès du Trésor public comme un agent collecteur.

Même si la TVA ne représente pas un « vrai » coût pour elles, elles doivent toutefois la calculer, en réaliser la déclaration pour le Trésor public, puis la lui reverser ; ce qui au final représente un certain travail et du temps pour leur comptable. En fonction de leur chiffre d'affaires, elles déclareront la TVA annuellement, trimestriellement ou mensuellement (le plus souvent). Les déclarations de TVA – dès lors qu'il y a de la TVA à payer, seront accompagnées de leur règlement. En cas de retard de déclaration et de paiement, la société encourt des pénalités de la part du Trésor public.

Dans le cas où la TVA déductible est supérieure à la TVA collectée, l'entreprise n'a pas de TVA à payer. Au contraire, elle a un « crédit de TVA » auprès du Trésor public, qui est en position de lui devoir un remboursement. Dans ce cas, existent deux possibilités :

1. Soit l'entreprise demande le remboursement de son crédit de TVA au Trésor public (en joignant un formulaire).
2. Soit elle reporte ce crédit sur sa prochaine déclaration de TVA (surtout si la somme à récupérer n'est pas significative).

Il y a plusieurs taux de TVA, les principaux taux étant les suivants :

- taux réduit de 5,5 % pour les produits de première nécessité ou de consommation courante (eau, alimentation, services aux personnes handicapées, repas scolaires…) ;
- taux réduit de 7 % (transport de personnes, produits à emporter de la restauration, travaux dans les habitations, hôtellerie, livres, autres services à la personne…) ;
- taux normal de 19,60 % (vêtements, équipements de la maison, équipements de la personne, restauration…).

Il existe des taux particuliers – pour la Corse, les départements d'Outremer, la presse, un taux super-réduit de 2,10 %, etc. –, mais nous n'entrerons pas dans les détails. Pour connaître tous les taux de TVA, consultez le site des impôts : **www.impots.gouv.fr**.

2. La déclaration de TVA en pratique

À partir d'un exemple, nous allons effectuer une déclaration de TVA. Voici les données de l'exemple :

- la période concernée est le mois de mai ;
- nos ventes sont exclusivement des ventes de marchandises, au taux de TVA normal de 19,60 % ;
- en mai, notre chiffre d'affaires s'élève à 22 000,00 € HT ;
- le total de notre TVA collectée est de 4 312 € (22 000 x 19,6 %), montant qui figure au solde (au crédit) du compte *44571 – TVA collectée*, au 31 mai ;
- au titre de la même période, le solde (au débit) du compte *44566 – TVA déductible sur autres biens et services* s'élève à 2 218,58 €.

À partir de ces informations nous allons :

1. Déterminer le montant de la TVA à payer au titre de mai ;
2. Effectuer la déclaration de TVA sur le formulaire.
3. Passer l'écriture d'opérations diverses relative à la déclaration de TVA ;
4. Passer l'écriture de banque pour le règlement de la TVA.

Voici ces étapes au fur et à mesure.

1. Détermination du montant de la TVA à payer

TVA à payer = TVA collectée – TVA déductible

TVA à payer = 4 312,00 – 2 218,58 = 2 093,42 €

2. Déclaration de TVA

Dans le formulaire de déclaration de TVA (page suivante) qui sera envoyé au Trésor public, figurent les éléments suivants :

- en haut à gauche, ligne 01, le montant du chiffre d'affaires de mai (22 000,00 €) ;
- en ligne 07, qui correspond à la TVA à 19,6 %, ce même montant et, à côté, la TVA s'y rapportant (4 312 €) ;

- en ligne 12, le même montant de TVA puisqu'il n'y a qu'un taux de TVA concerné ;
- en ligne 14, le montant de la TVA déductible arrondi à l'euro le plus proche (2 219 €) ;
- en ligne 16, le même montant puisqu'il n'y a pas de crédit de TVA à récupérer au titre du mois précédent (ligne 15) ;
- en ligne 17, à droite, le montant de la TVA due arrondi à l'euro près.

Cette déclaration de TVA était très simple, donc facile à remplir…, ce n'est pas toujours le cas !

<table>
<tr><th colspan="6">Formulaire de déclaration de TVA - mai 2013</th></tr>
<tr><th colspan="3">Opérations imposables (HT)</th><th colspan="3">Opérations non imposables</th></tr>
<tr><td>Ventes, prestations de services</td><td>01</td><td>22000</td><td>04</td><td>Exportations hors CEE</td><td></td></tr>
<tr><td>Autres opérations imposables</td><td>02</td><td></td><td>05</td><td>Autres opérations non imposables</td><td></td></tr>
<tr><td>Achats intracommunautaires</td><td>03</td><td></td><td>06</td><td>Livraisons intracommunautaires</td><td></td></tr>
</table>

<table>
<tr><th colspan="5">DÉCOMPTE DE LA TVA À PAYER</th></tr>
<tr><th colspan="3">TVA BRUTE</th><th>Base hors taxe</th><th>Taxe due</th></tr>
<tr><td rowspan="3">Opérations réalisées en France métropolitaine</td><td>Taux normal 19,6 %</td><td>07</td><td>22000</td><td>4312</td></tr>
<tr><td>Taux réduit 7 %</td><td>08</td><td></td><td></td></tr>
<tr><td>Taux réduit 5,5 %</td><td>09</td><td></td><td></td></tr>
<tr><td rowspan="2">Opérations réalisées dans les DOM</td><td>Taux normal 8,5 %</td><td>10</td><td></td><td></td></tr>
<tr><td>Taux réduit 2,1 %</td><td>11</td><td></td><td></td></tr>
<tr><td colspan="3">Total de la TVA brute due (lignes 08 à 11)</td><td>12</td><td>4312</td></tr>
<tr><th colspan="5">TVA DÉDUCTIBLE</th></tr>
<tr><td colspan="3">Biens constituant des immobilisations</td><td>13</td><td></td></tr>
<tr><td colspan="3">Autres biens et services</td><td>14</td><td>2219</td></tr>
<tr><td colspan="3">Crédit de TVA</td><td>15</td><td></td></tr>
<tr><td colspan="3">Total</td><td>16</td><td>2219</td></tr>
</table>

<table>
<tr><th colspan="3">CRÉDIT</th><th colspan="2">TAXE À PAYER</th></tr>
<tr><td>Crédit de TVA (ligne 16 – 12)</td><td></td><td>17</td><td>TVA nette due (ligne 12 - ligne 16)</td><td>2093</td></tr>
</table>

3. Écriture d'opérations diverses relative à la déclaration de TVA

Cette écriture va se faire dans le journal des opérations diverses (OD). Le but est de remettre à zéro le solde des deux comptes de TVA, déductible et collectée, et d'équilibrer l'écriture avec un 3e compte de TVA. Voici comment :

- Pour annuler le solde du compte *44566 – TVA déductible sur autres biens et services* (2 218,58 € au 31/05) qui est en débit, on le crédite dans le journal des OD ;
- Pour annuler le solde du compte *44571 – TVA collectée* (4 312 € au 31/05), qui est en crédit, on le débite dans le journal des OD ;
- Pour équilibrer l'écriture, on utilise le compte *44551 – TVA à décaisser.*

JOURNAL : OD				
Date	**Compte**	**Libellé**	**Débit**	**Crédit**
Déclaration TVA Mai				
31/05/2013	44566	TVA déductible/ABS		2 219,00
31/05/2013	44571	TVA collectée	4 312,00	
31/05/2013	44551	TVA à décaisser		2 093,00
		Total	**4312,00**	**4312,00**

Remarques :

- L'écriture d'opérations diverses (OD), pour la TVA, a pour objet de faire ressortir la TVA à payer (ou le crédit de TVA), mais également de remettre les comptes de TVA collectée et de TVA déductible à zéro, car il n'y a plus lieu ni de les récupérer, ni de les déduire. Ne pas passer d'OD fait courir le risque à l'entreprise de reprendre ces sommes sur sa prochaine déclaration de TVA.
- Le compte *44566 – TVA déductible* n'est pas complètement soldé : 2 219 € est la somme arrondie figurant sur la déclaration de TVA, le montant réel étant 2 218,58 €. Nous verrons plus loin comment gérer les arrondis et les différences de règlement.

4. Enregistrement du règlement de la TVA à payer

Qu'il s'agisse d'un règlement par virement ou par chèque, l'écriture est la même.

Journal : Banque				
Date	**Compte**	**Libellé**	**Débit**	**Crédit**
31/05/2013	44551	TVA à décaisser	2093,00	
31/05/2013	512	Banque		2093,00

Cas pratique n° 4

Déclaration de TVA

À partir des informations qui suivent, vous allez calculer la TVA à payer au titre du mois de juillet, puis passer les écritures nécessaires :

- chiffre d'affaires : 25000,00 € ;
- la TVA applicable sur le chiffre d'affaires est de 19,60 % ;
- la TVA déductible sur les autres biens et services : 2500,00 € ;
- le paiement de la TVA est prévu au 8 août.

Voir le corrigé page 181.

3. La TVA : un indicateur de rentabilité ?

On dit parfois qu'une entreprise qui paye régulièrement de la TVA est en bonne santé financière et, au contraire, qu'une entreprise dégageant constamment un crédit de TVA montre une situation de déficit. Voyons si c'est vrai au travers d'un exemple.

Prenons le cas d'une société de négoce assujettie sur ses ventes et ses achats à une TVA de 19,60 % et qui achète de la marchandise pour 1000 € HT – la TVA déductible est donc de 196 € – dans le but de la revendre. Trois cas peuvent se présenter :

- Elle revend sa marchandise 1 500 € HT en réalisant une marge de 500 €. La TVA collectée s'élève à 294 €. La TVA à payer, sur ces deux opérations d'achat et de vente, est donc de 98 € (294 – 196).
- Elle revend sa marchandise 1 000 € HT avec une marge nulle. La TVA collectée est de 196 €, le même montant que la TVA déductible. Il n'y a aucune TVA à payer sur cette opération de négoce.
- Elle revend sa marchandise à perte, il n'y a pas de valeur ajoutée positive et donc pas de TVA à payer.

L'entreprise paie de la TVA, uniquement sur la valeur ajoutée (d'où le terme de « taxe sur la valeur ajoutée »). Dans les deux derniers cas, il n'y a aucune valeur ajoutée, ce qui n'est pas en soi très satisfaisant surtout lorsqu'on répète des opérations blanches ou à perte. De là à conclure qu'une entreprise qui paie de la TVA est rentable…

En tant qu'indicateur de rentabilité, la TVA a ses limites. Certaines sociétés peuvent avoir de la TVA à payer, tout en étant peu rentables. C'est le cas lorsqu'elles achètent avec un taux réduit de TVA pour revendre avec le taux normal de 19,6 %, comme dans la restauration : le restaurateur peut bien avoir de la TVA à payer, vu que ses approvisionnements se font à 5,5 % et que ses ventes sont taxées à 19,60 %, mais être quand même en déséquilibre financier si son commerce n'est pas rentable.

Le cas inverse est aussi vrai : une société qui n'a pas ou peu de TVA à payer mais qui sera quand même rentable, comme par exemple l'importateur de fruits et légumes qui facture à un taux réduit de TVA, alors qu'il a acquitté par ailleurs des TVA importantes sur le transport, les opérations de passage en douane…

Comme nous l'avons dit, les déclarations de TVA ont pour but de calculer la TVA à payer sur la valeur ajoutée, mais elles ont aussi une fonction « statistique » au niveau national : la somme de toutes les valeurs ajoutées, en France, représente le Produit intérieur brut (PIB). Grâce aux déclarations de TVA, l'État connaît la production nationale et la création de richesses, quels que soient le mois et le secteur d'activité.

7. Les opérations de trésorerie

1. La banque

Lors des précédents chapitres, nous avons abordé les opérations de banque avec des écritures assez simples concernant des paiements aux fournisseurs, l'encaissement de règlements clients, le paiement de la TVA… Les écritures de banque étant assez variées et parfois complexes, la meilleure manière de les comprendre est de s'exercer à passer en revue le maximum d'opérations différentes, tel que le ferait au quotidien une entreprise. Nous allons donc procéder à l'enregistrement d'une série d'écritures très diverses dont la liste suit.

Opérations bancaires réalisées en juillet 2013 :

- **01/07/2013**. Encaissement d'une remise de chèque client pour 2300,00 €.
- **03/07/2013**. 9,99 € d'agios facturés par la banque pour le 2e trimestre 2013.
- **10/07/2013**. Décaissement d'un chèque de 3002,00 €, pour le règlement d'une facture fournisseur de 3001,00 € (nous avons fait une erreur d'1 € en établissant le chèque).

- **12/07/2013**. Versement par la banque de 50 000,00 € pour un prêt contracté auprès d'elle.
- **15/07/2013**. Prélèvement d'un virement de 107,00 € pour un paiement fournisseur.
- **16/07/2013**. Prélèvement par la banque de 5,00 € (dont 19,60 % de TVA) pour un service bancaire (abonnement à l'accès aux comptes et aux consultations par Internet).
- **22/07/2013**. Prélèvement par la banque de 901,33 € pour la première échéance du prêt, somme se décomposant en 66,54 € d'intérêts et 834,79 € de capital remboursé.
- **31/07/2013**. Encaissement d'un virement en provenance d'un client pour 4 400,00 €.

Enregistrement des opérations

Journal : Banque				
Date	**Compte**	**Libellé**	**Débit**	**Crédit**
		1. Remise de chèque		
01/07/2013	512	Banque	2300,00	
01/07/2013	411	Clients		2300,00
		2. Prélèvement agios		
03/07/2013	66	Charges financières	9,99	
03/07/2013	512	Banque		9,99
Les agios sont des frais financiers : ce sont des charges à porter au débit d'un compte 66 et non d'un compte 627 (services bancaires). Il n'y a pas de TVA sur les agios.				
		3. Chèque fournisseur		
10/07/2013	401	Fournisseurs	3001,00	
10/07/2013	658	Charges diverses de gestion courante	1,00	
10/07/2013	512	Banque		3002,00
L'erreur d'1 € (différence entre le paiement et la facture) est en notre défaveur. Pour la constater (et équilibrer l'écriture), on débite un compte de charges : 658 – Charges diverses de gestion courante. *La différence étant mimine, il n'y a pas lieu d'attendre un remboursement du fournisseur. Si la somme avait été plus conséquente, on n'aurait pas utilisé le compte 658 : on aurait laissé au compte 401 le montant réel débité afin de le régulariser ultérieurement, soit par remboursement du fournisseur, soit par une déduction sur un futur règlement.*				
Si la différence avait été en notre faveur, elle aurait été portée au crédit d'un compte de produits, le compte 758 – Produits divers de gestion courante.				

4. Prêt bancaire				
12/07/2013	512	Banque	50000,00	
12/07/2013	16	Emprunts		50000,00
S'agissant d'un emprunt, on portera, au moment où elle est versée par la banque, la somme totale empruntée (ici 50000 €) au crédit du compte 16. Ce compte se verra diminué, au fur et à mesure, des futurs remboursements.				
5. Virement fournisseur				
15/07/2013	401	Fournisseurs	107,00	
15/07/2013	512	Banque		107,00
6. Frais bancaires				
16/07/2013	627	Services bancaires	4,18	
16/07/2013	44566	TVA déductible/ABS	0,82	
16/07/2013	512	Banque		5,00
Au contraire des agios et intérêts sur prêt, les frais bancaires sont assujettis à la TVA.				
7. Prélèvement échéance prêt				
22/07/2013	16	Emprunts	834,79	
22/07/2013	66	Charges financières	66,54	
22/07/2013	512	Banque		901,33
Le 1er remboursement en capital est débité du compte 16 – Emprunts. *Rappelons qu'au versement du prêt nous avions porté 50000,00 € au crédit de ce compte (écriture 4.). Après cette 1re échéance, le solde du compte* 16 – Emprunts *est de 49165,21 € (50000,00 – 834,79).* *Signalons qu'il n'y a pas de TVA sur les intérêts.*				
8. Encaissement virement client				
31/07/2013	512	Banque	4400,00	
31/07/2013	411	Clients		4400,00

2. Les placements en trésorerie

Outre les échanges de l'entreprise avec sa banque pour des règlements et des paiements très usuels de négoce, l'entreprise peut réaliser avec sa banque des opérations de placement. Dès qu'elle dispose de fonds disponibles, son intérêt est de les placer, durant le temps où elle n'en a pas besoin et sans que sa bonne marche en soit pénalisée, afin de les faire « fructifier » avec les intérêts qui lui seront versés. Par exemple, imaginons que la première quinzaine du mois les fonds destinés aux salaires de la fin du mois sont déjà couverts et disponibles en banque, l'entreprise peut placer la somme durant un certain temps, puis la libérer juste avant de régler les salaires.

La prudence veut que ces placements en trésorerie soient sans risque et à court terme. La majeure partie des banques propose généralement comme placements des SICAV[1], que l'on peut acheter et revendre sans délai (pour une réactivité plus grande, les banques offrent d'ailleurs la possibilité de réaliser ces opérations *via* Internet). Dans le vocable comptable, ces placements sont appelés « valeurs mobilières de placement » (VMP).

Pour illustrer les écritures comptables des placements en VMP, voici un exemple applicatif avec l'hypothèse suivante :

- le 15 mai 2013, l'entreprise achète 10 parts d'une SICAV obligataire dont chaque part est valorisée 2 220,54 € ;
- le 29 mai, l'entreprise revend la totalité des SICAV, le cours de la part étant passé à 2 226,00 €.

Les écritures sont les suivantes.

Date	Compte	Libellé	Débit	Crédit
		Achats de SICAV		
15/05/2013	506	VMP Obligations	22 205,40	
15/05/2013	512	Banque		22 205,40
		Revente des SICAV		
29/05/2013	512	Banque	22 260,00	
29/05/2013	506	VMP Obligations		22 205,40
29/05/2013	76	Produits financiers		54,60
Le compte 76 – Produits financiers *enregistre au crédit les gains financiers : la part de SICAV ayant augmenté de 5,46 € du 15 au 29/05, le gain total est de 54,60 €. La différence entre produits financiers (compte 76) et charges financières (compte 66), représente le résultat financier, ici un bénéfice.*				

1. Les SICAV (Sociétés d'investissement à capital variable) font partie, avec les FCP (Fonds communs de placement), de la famille des OPCVM (Organismes de placement collectif en valeurs mobilières). Elles regroupent les actifs de plusieurs investisseurs en vue de les investir en valeurs mobilières (actions, obligations, produits monétaires).

Gérer les fonds disponibles d'une entreprise demande de la prudence : il est exclu de prendre des risques financiers qui mettraient en péril le développement futur. C'est pourquoi les SICAV obligataires seront préférées aux actions, plus volatiles et fluctuantes, surtout en ces temps de crise.

Dans le cas où il y a une perte résultant d'un placement à risque, la charge s'inscrira au débit d'un compte *66 – Charges financières.*

Prenons un exemple avec l'hypothèse suivante :

- le 15 mai 2013, l'entreprise achète des actions cotées pour un total de 10 940,50 € ;
- le 29 mai, elle les revend à un cours dévalué pour 9 980,60 €.

Voici les écritures correspondantes.

JOURNAL : BANQUE				
Date	**Compte**	**Libellé**	**Débit**	**Crédit**
		Achats d'actions		
15/05/2013	503	VMP Actions	10 940,50	
15/05/2013	512	Banque		10 940,50
		Revente actions		
29/05/2013	512	Banque	9 980,60	
29/05/2013	503	VMP Actions		10 940,50
29/05/2013	66	Charges financières	959,90	

N.B. : Le plan comptable fait la distinction entre les actions (enregistrées au compte 503) et les obligations (enregistrées au compte 506).

3. Les virements internes

On parle de virements internes :

- lorsqu'une société, qui possède deux ou plusieurs comptes bancaires, réalise des virements d'un compte vers l'autre ;
- lorsqu'elle dépose des espèces en provenance de sa caisse sur l'un de ses comptes bancaires ;

– quand elle effectue un retrait d'espèces de la banque pour les déposer dans sa caisse.

C'est le compte *58 – Virements internes* qu'on utilise dans ces cas-là.

Une écriture directe de compte à compte, quand il s'agit d'alimenter deux journaux, est à éviter. Si, par exemple, on dépose en banque 1 000 € en espèces qu'on a retirés de la caisse, on ne passera pas l'écriture directement d'un compte à l'autre, dans le même journal, comme ci-après.

Date	Compte	Libellé	Débit	Crédit
		Virement		
15/05/2013	512	Banque	1 000,00	
15/05/2013	53	Caisse		1 000,00

La transition par le compte *58 – Virements internes*, qui est la méthode appropriée, décompose l'opération en deux écritures, chacune étant passée dans le journal approprié. On fait d'abord une première écriture dans le journal de banque.

JOURNAL: BANQUE				
Date	**Compte**	**Libellé**	**Débit**	**Crédit**
		Virement		
15/05/2013	512	Banque	1 000,00	
15/05/2013	58	Virements internes		1 000,00

Puis on passe la seconde écriture dans le journal de caisse.

JOURNAL: CAISSE				
Date	**Compte**	**Libellé**	**Débit**	**Crédit**
		Virement		
15/05/2013	58	Virements internes	1 000,00	
15/05/2013	53	Caisse		1 000,00

Le compte 58 – Virements internes *doit normalement toujours avoir un solde à zéro : le solde à 0 permet de confirmer que les écritures ont été correctement passées à la fois en banque et en caisse.*

Cas pratique n°5

Écritures de banque

Voici une série d'opérations à enregistrer et, pour vous aider, un extrait du plan comptable de l'entreprise : *16 – Emprunts, 401 – Fournisseurs, 411 – Clients, 44566 – TVA déductible sur ABS, 506 – VPM Obligations, 512100 – BNP* (compte principal), *512200 – Caisse épargne, 581 – Virements internes, 627 – Services bancaires, 661 – Charges d'intérêts, 758 – Produits divers de gestion courante* (différences de règlement), *764 – Revenu des valeurs mobilières de placement.*

Opération de banque – août 2013

- **01/08/2013**. Virement à la BNP de 580,75 € en faveur d'un fournisseur au lieu des 580,85 € qui étaient dus, d'où un écart en différence de règlement.
- **05/08/2013**. Encaissement de 50 000,00 €, pour le nominal d'un prêt accordé par la BNP.
- **06/08/2013**. Achat à la BNP de SICAV obligataires pour 51 118 €.
- **20/08/2013**. Revente de ces mêmes SICAV pour 51 222 €.
- **22/08/2013**. Virement de 5 000,00 € du compte BNP sur le compte Caisse d'Épargne.
- **26/08/2013**. Encaissement à la BNP du chèque d'un client de 200,00 €.
- **30/08/2013**. Prélèvement de la BNP de 12 € de frais de tenue de compte, dont 1,97 € de TVA.
- **30/08/2013**. Prélèvement de la BNP de 1 421,60 € au titre de la 1re échéance de remboursement du prêt, somme se décomposant en 41,60 € d'intérêts et 1 380,00 € de capital remboursé.

Voir le corrigé page 181.

4. La gestion de la trésorerie, le tableau prévisionnel de trésorerie

Contrairement aux travaux comptables (tenue des journaux, enregistrements des écritures, bilan, compte de résultat...) qui sont légalement obligatoires, les prévisions de trésorerie ne le sont pas. Néanmoins, suivre la trésorerie de son entreprise et bien la gérer est pourtant d'une importance capitale. Cela permet, entre autres, d'éviter les impayés, de réduire le risque de découverts et donc le paiement d'agios, de faire fructifier les fonds disponibles durant la période où l'entreprise n'en a pas besoin...

Rappel

L'entreprise évitera toujours d'avoir des sommes trop importantes sur son compte en banque, pendant une longue période : laisser « dormir » des fonds sans les placer est un manque à gagner. On pourrait dire que le niveau idéal d'une trésorerie est proche de « zéro » :

- parce qu'il faut éviter autant que possible une trésorerie déficitaire génératrice d'agios, de déséquilibre et de risques de défaut de paiement ;
- à l'inverse, parce qu'un excédent important et persistant de trésorerie indique qu'il existe des fonds « dormants » ne produisant pas d'intérêts financiers.

Les placements en valeurs mobilières de placement (VMP) permettent de lisser la trésorerie : on achète des VMP lorsque la trésorerie est positive, on les revend avant les décaissements prévus.

Même si chacune a des spécificités, la trésorerie d'une entreprise se compose de cycles, par exemple :

- encaissement des clients et paiements aux fournisseurs, chaque semaine ;
- paiement des salaires, chaque fin de mois ;
- paiement de l'Urssaf, avant le 15 de chaque mois ;

- paiement du loyer, le 5 de chaque mois ;
- paiement de la TVA, le 15 de chaque mois ;
- paiement des charges de retraite et mutuelle complémentaires chaque trimestre (15 janvier, 15 avril…)…

Pour maîtriser au mieux la trésorerie de votre entreprise, vous devez donc en connaître les cycles. **Les cycles d'une trésorerie sont faits de pics** – lorsqu'il y a surplus de disponibilités – **et de creux** – lorsque les disponibilités sont les plus faibles. **Le tableau prévisionnel de trésorerie** va vous aider à mieux gérer la trésorerie de votre entreprise en anticipant ses cycles.

Le prévisionnel de trésorerie est un outil de gestion et non un traitement comptable normalisé. Pour élaborer ce prévisionnel, on étudie l'évolution du solde bancaire, on ne travaille pas à partir des journaux.

Voici un exemple de tableau prévisionnel de trésorerie simplifié, dont la période de référence est la semaine.

Semaine	40	41	42	…
Solde début période	**1 400**	**60**	**55**	
Paiement clients	480		480	
Ventes SICAV		1 405		
Total encaissements	**480**	**1 405**	**480**	
Paiement fournisseurs	150	150	150	
Paiement Urssaf		380		
Autres charges	50	80		
Salaires		800		
TVA	200			
Emprunts	20			
Achat SICAV	1 400		320	
Total décaissements	**1 820**	**1 410**	**470**	
Solde fin période	**60**	**55**	**65**	

Ce tableau prévisionnel de trésorerie reprend en colonnes les périodes durant lesquelles on souhaite analyser la variation future de la trésorerie. Ces périodes, qui sont fonction du degré de précision souhaité, peuvent être exprimées en jours, semaines, quinzaines, mois… Les lignes du tableau de trésorerie reprennent, elles :

- tous les encaissements et les décaissements, quels qu'ils soient, de la période concernée
- le solde de début de la période (en haut) et le solde de fin de la période (en bas).

Comme vous le voyez dans le tableau de la page précédente, une partie de l'excédent de trésorerie en semaine 40 a été investie en SICAV (1 400 €), qui ont été revendues en semaine 41 (1 405 €), au moment où des décaissements plus importants étaient prévus. Pour un suivi optimal, ce tableau sera mis à jour régulièrement.

N.B. : Le tableau prévisionnel relève d'un travail extra-comptable qui se réalise en dehors du périmètre de la comptabilité normalisée. Il revient à l'entreprise d'élaborer ce tableau pour estimer les encaissements et les décaissements prévus.

5. Le rapprochement bancaire

Le logiciel comptable de l'entreprise lui permet de connaître à tout moment le solde comptable bancaire inscrit dans ses livres. En parallèle, la banque lui fournit des relevés de compte présentant les opérations qu'elle a enregistrées. Le rapprochement bancaire consiste à comparer, à une date donnée, le solde du compte banque dans la comptabilité de l'entreprise au solde figurant sur le relevé bancaire de sa banque (ou de chacune de ses banques si elle a des comptes ouverts dans plusieurs banques). La plupart du temps, ce rapprochement présente des différences, ce qui est « normal » pour plusieurs raisons :

- votre comptabilité a enregistré des opérations dont la banque n'a pas encore eu connaissance (émission d'un chèque que le bénéficiaire n'a pas encore encaissé, par exemple) ;

– la banque a pris en compte des opérations que votre comptabilité n'a pas encore enregistrées (par exemple, certains virements, prélèvements, frais bancaires…).

Néanmoins, il existe parfois d'autres erreurs issues d'une mauvaise saisie des chiffres, tant dans la comptabilité de l'entreprise qu'à la banque. Outre s'assurer que la comptabilisation des écritures de banque correspond, le but du rapprochement bancaire est aussi d'identifier les éventuelles erreurs afin de les corriger.

Le rapprochement bancaire sera fait régulièrement, idéalement chaque mois. Il sera précis, au centime près : une erreur, même de faible montant, ne peut pas être acceptée selon le principe de régularité, mais aussi parce qu'une petite erreur de pointage peut aussi cacher des erreurs plus importantes se compensant. Par exemple, imaginons qu'il y ait une erreur de 0,50 €. Elle peut s'expliquer par des différences de règlement, mais peut aussi provenir de ce que l'on a omis de comptabiliser un encaissement de 10 000,00 € et un décaissement de 10 000,50 €. En conséquence, le rapprochement bancaire ne peut tolérer aucun écart.

Pour comprendre la méthode du rapprochement bancaire, il est nécessaire d'avoir bien assimilé le principe de la symétrie du compte banque et du relevé bancaire, vu page 38, que nous vous rappelons : le compte banque, dans les livres comptables de l'entreprise, est présenté et fonctionne de manière inversée par rapport au relevé de la banque, les écritures de banque portées au crédit dans la comptabilité de l'entreprise sont présentées au débit sur le relevé bancaire, et inversement.

Voyons maintenant en pratique, au travers d'un exemple, un rapprochement bancaire fait au 30 septembre et en 6 étapes.

Les 6 étapes du rapprochement bancaire :

1. On compare, pour une même période, l'édition du compte banque issu de la comptabilité de l'entreprise au relevé de la banque (Haussmann) en cochant de part et d'autre les écritures qui sont

identiques. Le symbole ✗ signale les écritures identiques de part et d'autre et, pour simplifier, les chiffres sont sans décimales.

Extrait du Compte 512100 Banque Haussmann *(compte issu de la comptabilité de l'entreprise)*			
Date	**Libellé**	**Débit**	**Crédit**
01/09/2013	**Report Solde**	**4918**	
04/09/2013	Chèque fournisseur 918941		518 ✗
05/09/2013	Remise chèque client	500 ✗	
05/09/2013	Remise chèque client	800 ✗	
12/09/2013	Prélèvement loyer *(différence de 1 €)*		850 ✗
16/09/2013	Chèque fournisseur 918942		15 ✗
23/09/2013	Chèque fournisseur 918943		158 ✗
	Total	**6218**	**1541**
	Solde au 30/09/2013	**4677** ✗	

Banque Haussmann Relevé n° 9 au 30/09/2013 *(relevé fourni par la banque)*			
Date	**Opérations**	**Débit**	**Crédit**
01/09/2013	**Solde précédent**		**4918**
02/09/2013	Agios sur août	5	
09/09/2013	Chèque 918941	518 ✗	
12/09/2013	Remise de chèques		1 300 ✗
12/09/2013	Prélèvement Loyer	851 ✗	
26/09/2013	Chèque 918943	158 ✗	
30/09/2013	**Total**	**1532**	**6218**
30/09/2013	**Solde**		**4686**

Remarques :

- En pointant, on constate une erreur de saisie d'1 € le 12/09/2013 dans le prélèvement du loyer.
- On voit également que la remise de chèques de 1 300 € du relevé de la Banque Haussmann correspond bien à nos deux remises de chèque client (500 € et 800 €).

2. On va maintenant utiliser un tableau où figurent d'un côté le compte banque de l'entreprise et, de l'autre, le compte de la banque selon son relevé.
3. On inscrit en haut de chacune de deux parties du tableau les soldes de la fin de période, au 30/09 dans notre exemple : 4 677 € du côté du compte banque de l'entreprise et 4 686 € du côté du compte de la banque Haussmann.
4. Sous chacun des soldes, on va inscrire les écritures non pointées ainsi :

- les écritures de la banque non comptabilisées par l'entreprise seront reportées dans la partie du tableau correspondant à la comptabilité de l'entreprise. Si elles sont au débit à la banque, elles passeront au crédit du côté entreprise, et vice versa.
- les écritures de l'entreprise non comptabilisées par la banque seront reportées dans la partie du tableau correspondant à la banque. Le jeu de la symétrie entre débit et crédit est également valable ici.

5. En totalisant les sommes en rapprochement, on obtient de part et d'autre un solde rapproché. Si les soldes rapprochés, côté entreprise et côté banque, sont égaux, cela signifie que le rapprochement effectué est correct, comme dans notre exemple.

Rapprochement bancaire au 30/09/2013								
Compte 512 Banque					Banque Haussmann			
Date	**Opérations**	**Débit**	**Crédit**		**Date**	**Opérations**	**Débit**	**Crédit**
30/09	Solde	4677			30/09	Solde		4686
02/09	Agios		5		16/09	Chèque fournisseur	15	
12/09	Différence prélèvement loyer		1					
30/09	Total	4677	6		30/09	Total	15	4686
➤	**Solde ➤**	**4671**	➤	=	➤	**Solde ➤**	➤	**4671**

6. À partir de ce rapprochement, l'entreprise régularise les écritures à prendre en compte dans sa comptabilité. Dans notre exemple, elle va passer les écritures dans le journal de banque.

Journal : Banque				
Date	**Compte**	**Libellé**	**Débit**	**Crédit**
02/09/2013	66	Charges financières	5,00	
02/09/2013	512	Banque		5,00
12/09/2013	401	Fournisseurs	1,00	
12/09/2013	512	Banque		1,00

Remarque : le chèque de 15 € non encore pris en compte par la banque ne doit pas être comptabilisé par l'entreprise puisqu'il l'est déjà. Il va rester en rapprochement, jusqu'à ce qu'il soit traité par la banque.

Dans la réalité, il est rare que les soldes, en début de période, soient identiques dans la comptabilité de l'entreprise et à la banque. Par conséquent, lorsqu'on élabore un nouveau rapprochement, à la période suivante, on va reprendre le rapprochement bancaire de la période précédente pour pouvoir pointer les écritures manquantes.

Il peut exister d'autres techniques de rapprochement bancaire :

- la présentation en liste plutôt qu'en tableau, par exemple ;
- le rapprochement de manière informatisée.

L'essentiel est de réaliser un rapprochement bancaire correct. La méthode abordée est peut-être très classique, mais c'est sans doute la plus adaptée pour avancer dans la compréhension de la comptabilité.

Cas pratique n°6

Rapprochement bancaire

Voici les éléments nécessaires pour réaliser un rapprochement bancaire au 30/11/2013, un extrait du compte banque de l'entreprise et un relevé bancaire de la banque Haussmann. Effectuez maintenant le rapprochement bancaire.

Extrait du Compte 512100 Banque Haussmann			
Date	**Libellé**	**Débit**	**Crédit**
01/11/2013	**Report Solde**	**3252**	
04/11/2013	Chèque fournisseur 918944		1919
04/11/2013	Chèque fournisseur 918945		48
15/11/2013	Chèque Trésor public 918946		800
29/11/2013	Prélèvements Clients	3810	
29/11/2013	Remise espèces	500	
	Total	**7562**	**2767**
Solde au 30/11/2013		**4795**	

Banque Haussmann Relevé n° 11 au 30/11/2013			
Date	**Opérations**	**Débit**	**Crédit**
01/11/2013	**Solde précédent**		**3252**
04/11/2013	Virement « Client Untel »		129
08/11/2013	Chèque 918944	1919	
12/11/2013	Chèque 918945	48	
22/11/2013	Chèque 918946	800	
30/11/2013	**Total**	**2767**	**3381**
30/11/2013	**Solde**	**614**	

Voir le corrigé page 182.

À savoir

Quelques astuces pour réussir son rapprochement bancaire

Les professionnels le savent : faire un rapprochement bancaire est très intéressant pour corriger les éventuelles erreurs, mais aussi assez fastidieux tant que l'on n'est pas parvenu à rapprocher les soldes.

Voici deux astuces pour y parvenir plus facilement.

Astuce 1

Lorsqu'on a pointé et refait plusieurs fois un rapprochement et que la même différence subsiste sans qu'on ait pu l'identifier, on divise cette somme par deux. Cela peut aider à trouver une somme que l'on aurait placée du mauvais côté (au débit au lieu du crédit, ou inversement).

Par exemple, si le rapprochement bancaire laisse apparaître une différence de 150,00 €, c'est peut-être parce qu'une somme de 75,00 € a été enregistrée au crédit au lieu du débit (ou inversement).

On recherche alors, dans les écritures du compte banque de l'entreprise, les sommes égales à 75,00 €. Si la différence s'explique bien par une erreur d'imputation au crédit ou au débit, on peut alors valider le compte bancaire et corriger l'erreur dans la comptabilité de l'entreprise. Cette astuce n'est bien évidemment valable que si la différence de 150,00 € provient d'une seule erreur, et sur une seule écriture.

Astuce 2

Si la différence constatée est un nombre entier divisible par 9 et si la somme des chiffres constituant cette différence est égale à 9 – par exemple, 63 = 6 + 3 = 9 –, on est probablement en présence d'une inversion de chiffres. Voici un tableau d'exemples permettant de mieux comprendre cette astuce et de retrouver la différence (qui vient certainement d'une erreur humaine, l'ordinateur n'inversant pas les chiffres). Cette astuce est valable pour toutes les inversions de chiffres !

<table>
<tr><th>Somme réelle</th><th>Somme inscrite</th><th>Différence</th></tr>
<tr><td>25**29**</td><td>25**92**</td><td>63 = 6 + 3 = 9</td></tr>
<tr><td colspan="3">*63 est un nombre inférieur à 100, on recherchera l'inversion de chiffres en se focalisant sur les deux derniers chiffres à droite d'un nombre.*</td></tr>
<tr><td>**Somme réelle**</td><td>**Somme inscrite**</td><td>**Différence**</td></tr>
<tr><td>2**52**9</td><td>2**25**9</td><td>270 = 2 + 7 + 0 = 9</td></tr>
<tr><td colspan="3">*270 comporte un zéro à la fin. Ce zéro indique que l'inversion des chiffres est à rechercher en se focalisant sur les deuxième et troisième chiffres d'un nombre, à partir de la droite (le « 0 » décale la recherche d'un chiffre vers la gauche).*</td></tr>
<tr><td>**Somme réelle**</td><td>**Somme inscrite**</td><td>**Différence**</td></tr>
<tr><td>**25**29</td><td>**52**29</td><td>2 700 = 2 + 7 + 0 + 0 = 9</td></tr>
<tr><td colspan="3">*2 700 comporte deux zéros à la fin. Ces zéros indiquent que l'inversion des chiffres est à rechercher en se focalisant sur les troisième et quatrième chiffres d'un nombre, à partir de la droite (« 00 » décale la recherche de 2 chiffres vers la gauche).*</td></tr>
<tr><td>**Somme réelle**</td><td>**Somme inscrite**</td><td>**Différence**</td></tr>
<tr><td>**2529**</td><td>**9522**</td><td>6 993 = 6 + 9 + 9 + 3 = 27</td></tr>
<tr><td colspan="3">*La différence, 27, est un multiple de 9. Dans le nombre 6 993, il n'y a pas de 0 : l'inversion des chiffres est à rechercher en se focalisant sur des nombres constitués de quatre chiffres qui auraient été inversés.*</td></tr>
</table>

Quand on a pointé plusieurs fois en vain ses comptes et que l'on n'a toujours pas trouvé où est l'erreur, cette astuce peut parfois faire gagner beaucoup de temps… À signaler que vous ne trouverez sans doute pas ce procédé dans aucun autre ouvrage !

6. La perte d'un chèque : la lettre de désistement

Quand un fournisseur relance l'un de ses clients pour une facture impayée, il arrive que ce client affirme avoir déjà envoyé son chèque.

Quelle que soit la cause de cette perte et si le client est de bonne foi, il n'en demeure pas moins que le fournisseur entend être payé. De son côté, le client ne veut pas prendre le risque, en renvoyant un deuxième chèque, que son fournisseur se retrouve en possession de deux chèques : il pourrait par mégarde encaisser les deux.

Le client peut bien évidemment faire opposition au chèque, mais une opposition à la banque supporte des frais bancaires. Un moyen pratique permettant de sortir de cette situation, qui est gratuit et simple, est la lettre de désistement que le fournisseur va adresser à son client pour obtenir un nouveau chèque.

Voici le modèle d'une **lettre de désistement.**

> *Je soussigné…* [Nom du signataire], *représentant…* [qualité] *de la société…* [nom de la société fournisseur], *déclare nous désister de tous nos droits sur le chèque dont nous sommes le destinataire, tiré sur la banque…* [nom de la banque], *portant le n°…* [numéro du chèque], *émis le…* [date], *par…* [nom de la société ou de la personne cliente].
>
> *Nous nous engageons à retourner ce chèque à l'émetteur dans l'hypothèse où il se retrouverait en notre possession.*
>
> *Fait à…* [lieu], *le…* [date]   [signature]

7. La caisse

Dans certaines entreprises, avoir une caisse avec des espèces est indispensable : parce que les clients payant en espèces, on doit pouvoir leur rendre la monnaie, pour un achat urgent de petites fournitures… Cet argent en caisse sera obligatoirement comptabilisé via un compte de caisse.

Tout comme le compte banque, le compte *53 – Caisse* est un compte de trésorerie. Ses mouvements comptables fonctionnent à l'identique du compte *512 – Banque*. Nous n'allons donc pas développer les écritures de ce compte, mais il est néanmoins important de souligner deux choses concernant ce compte :

- Il est nécessaire de vérifier régulièrement le solde en caisse afin de le comparer à celui inscrit en comptabilité, car il faudra produire un état justificatif de la caisse à la date du dernier jour de l'exercice comptable pour préparer le bilan. Mieux vaut alors que ce solde soit exact.
- À la différence d'un compte de banque, un compte de caisse ne peut jamais être créditeur (comme nous le verrons plus loin).

Voyons maintenant, à partir de quelques données, un jeu d'écritures avec le compte *53 – Caisse*.

Livre de caisse – novembre 2013

- **02/11/2013**. Encaissement en espèces de 250 € de la part d'un client.
- **12/11/2013**. Paiement en espèces de 20,00 € pour régler une petite facture d'achat.
- **21/11/2013**. Dépôt dans la caisse de 300,00 € suite à un retrait en espèces effectué au guichet de notre banque.

Passons maintenant les écritures au journal de caisse.

<table>
<tr><th colspan="5">JOURNAL : CAISSE AU 21/11/2013</th></tr>
<tr><th>Date</th><th>Compte</th><th>Libellé</th><th>Débit</th><th>Crédit</th></tr>
<tr><td>02/11/2013</td><td>53</td><td>Caisse</td><td>250,00</td><td></td></tr>
<tr><td>02/11/2013</td><td>411</td><td>Clients</td><td></td><td>250,00</td></tr>
<tr><td>12/11/2013</td><td>401</td><td>Fournisseurs</td><td>20,00</td><td></td></tr>
<tr><td>12/11/2013</td><td>53</td><td>Caisse</td><td></td><td>20,00</td></tr>
<tr><td>21/11/2013</td><td>53</td><td>Caisse</td><td>300,00</td><td></td></tr>
<tr><td>21/11/2013</td><td>58</td><td>Virements internes</td><td></td><td>300,00</td></tr>
<tr><td colspan="5">Le 21/11/2013, l'écriture correspond à un virement interne, tel qu'on l'a vu dans la partie concernant la banque p. 85. Cette écriture en caisse implique nécessairement qu'il y a d'abord eu une écriture sur le journal banque, pour créditer le compte 512 – Banque et débiter le compte 58 – Virements internes afin de solder ce dernier.
Rappel : « solder un compte » signifie que le solde de ce compte devient nul.</td></tr>
</table>

La justification du compte caisse

Comme on l'a dit plus haut, le montant qui est en caisse doit être régulièrement vérifié et comparé au solde inscrit en comptabilité, puisque, pour le bilan, un état justificatif du compte caisse doit être produit, comme celui-ci.

État du compte caisse au 31/12					
Décompte des billets et des pièces					
Montant unitaire	**Quantité**	**Sommes**	**Montant unitaire**	**Quantité**	**Sommes**
500	0	0,00	1	10	10,00
100	2	200,00	0,50	11	5,50
50	3	150,00	0,20	4	0,80
20	6	120,00	0,10	14	1,40
10	19	190,00	0,05	9	0,45
2	8	16,00	0,01	1	0,01
				Solde	**694,16**

S'il existe un écart « raisonnable » (quelques euros) entre la caisse physique et le solde comptable, on utilisera le compte *658 – Charges diverses de gestion courante* ou le compte *758 – Produits divers de gestion courante* pour régulariser cette différence.

Voici une écriture portée au compte 758 pour une différence très minime en faveur de l'entreprise : 1 cent d'euro en plus dans la caisse. ➤

JOURNAL : CAISSE				
Date	**Compte**	**Libellé**	**Débit**	**Crédit**
31/12/2013	53	Caisse	0,01	
31/12/2013	758	Produits divers de gestion courante		0,01
Nous utiliserions le compte 658 – Charges diverses de gestion courante *si la différence était en notre défaveur.* *Si les différences sont importantes, on n'utilisera pas les comptes 658 ou 758 pour ajuster la caisse : il faudra mettre en œuvre toutes les recherches nécessaires pour comprendre et identifier l'écart.*				

Un compte caisse jamais créditeur

Si une entreprise a un découvert à la banque, chez elle son compte banque sera créditeur : c'est une situation tout à fait envisageable, même s'il vaut mieux l'éviter. Par contre, **son compte caisse ne peut**

jamais être créditeur: le solde peut être nul, mais jamais négatif! S'il est créditeur, c'est qu'il y a une erreur de comptage ou, plus grave, qu'il manque de l'argent dans la caisse.

Pour illustrer notre propos, prenons l'exemple d'un commerçant travaillant sur les marchés qui tient un journal de caisse au jour le jour.

		Report à nouveau	**20**
Jour	**Opération**	**Recettes**	**Dépenses**
1	Ventes	180	
2	Achats Marchandises		170
3	Ventes	180	
4	Location Place Marché		150
5	Ventes	150	
6	Achats Marchandises		150
7	Achats Marchandises		100
8	Ventes	120	
Et ainsi de suite, jusqu'à la fin du mois			

Supposons qu'un agent des impôts contrôle notre commerçant et étudie de près tous ses mouvements de caisse. Pour ce faire, sur un tableur, il rajoute au précédent tableau une colonne où apparaît le solde chaque jour… Dans notre exemple, il va vite se rendre compte d'une anomalie le 7e jour: le solde est créditeur, ce qui est impossible. Il y a soit erreur soit fraude. Si l'« erreur » se reproduit plusieurs fois, le contrôleur peut vite déduire que notre commerçant ne déclare pas tout et confond son tiroir-caisse avec sa poche…

			Report à nouveau	**20**
Jour	**Opération**	**Recettes**	**Dépenses**	**Solde**
1	Ventes	180		200
2	Achats Marchandises		170	30
3	Ventes	180		210
4	Location Place Marché		150	60
5	Ventes	150		210
6	Achats Marchandises		150	60
7	Achats Marchandises		100	– 40
8	Ventes	120		80

8. Les effets de commerce

1. L'effet de commerce : son mécanisme

L'effet de commerce est un titre de paiement utilisé par les entreprises. Au titre des effets de commerce, on trouve la lettre de change et le billet à ordre[1]. L'effet de commerce s'apparente, d'une certaine façon, au chèque puisqu'y sont précisées la référence du tiré, celle du bénéficiaire, la date de création, le montant… Une seule chose diffère, qui est de taille : la date d'échéance pour le paiement.

La date d'encaissement d'un chèque est celle du jour où il est rédigé. L'effet de commerce, lui, présente une échéance qui court jusqu'à une date postérieure à la date de sa création : le fournisseur accorde un crédit à son client en lui permettant de le payer ultérieurement.

Rappelons que le « tiré », sur l'effet de commerce, est le client, qui va régler sa dette au « bénéficiaire » de l'effet, c'est-à-dire le fournisseur. L'émetteur de l'effet de commerce (le client) verra le montant nominal[2]

1. Le tirage d'un billet à ordre se fait à vue alors que, pour la lettre de change, le tiré doit accepter le paiement (le tiré peut refuser le paiement ou l'accepter partiellement).

2. Le nominal est le montant figurant sur l'effet, par opposition au montant net que perçoit le bénéficiaire (montant net – frais bancaires, et éventuels intérêts s'il y a une remise à l'escompte).

prélevé sur son compte bancaire à la date d'échéance. Quant au bénéficiaire, le fournisseur, deux possibilités s'offrent à lui :

1. Il remet l'effet à l'encaissement, mais il attend la date d'échéance pour encaisser son montant.
2. Il remet l'effet à l'escompte, mais il souhaite que la banque lui remette les fonds avant l'échéance indiquée sur l'effet : la banque lui fait alors payer des frais financiers, qu'on appelle frais d'escompte.

Au travers d'un exemple et des données qui suivent, nous allons passer les écritures comptables nécessaires :

- un fournisseur a vendu de la marchandise à son client ;
- la facture, émise à la date du 1er mai, s'élève à 10 000 € ;
- le règlement se fait par lettre de change à échéance du 30 juin.

N.B. : dans les deux cas, la banque percevra des frais bancaires (minimes) liés au traitement de l'effet, qu'on appelle « services bancaires », frais qui sont soumis à TVA.

Voyons d'abord les 3 étapes correspondant au cas où le bénéficiaire (le fournisseur) attend l'échéance du 30 juin pour être payé.

2. Remise de l'effet à l'encaissement et attente de l'échéance pour le paiement

1. **Enregistrement de la réception de l'effet signé par le client.**

Date	Compte	Libellé	Débit	Crédit
02/05/2013	413	Clients, effets à recevoir	10 000,00	
02/05/2013	411	Clients		10 000,00
Cette écriture fait disparaître la dette dans le compte client (411) dans la comptabilité de l'entreprise. En acceptant l'effet, le client s'acquitte de sa dette				

2. Le fournisseur remet l'effet à l'encaissement.

Date	Compte	Libellé	Débit	Crédit
02/05/2013	5113	Effets à l'encaissement	10000,00	
02/05/2013	413	Clients, effets à recevoir		10000,00
En déposant en banque l'effet à l'encaissement, le fournisseur attend la date d'échéance pour percevoir les fonds.				

3. À la date d'échéance, le fournisseur perçoit les fonds.

Date	Compte	Libellé	Débit	Crédit
30/06/2013	512	Banque	9994,02	
30/06/2013	627	Services bancaires	5,00	
30/06/2013	44566	TVA déductible/ABS	0,98	
30/06/2013	5113	Effets à l'encaissement		10000,00
La banque adresse un relevé pour l'encaissement : y figure le nominal versé dont sont déduits les frais perçus par la banque et la TVA sur ces frais pour traiter cet effet.				

3. Le fournisseur a besoin de trésorerie

S'il ne souhaite pas attendre l'échéance parce qu'il a besoin de trésorerie, le fournisseur remet l'effet à l'escompte. La banque lui permet d'encaisser les fonds avant l'échéance, mais, en contrepartie, elle se rémunère en frais d'escompte.

Voyons maintenant les 3 étapes correspondant au cas où le bénéficiaire (le fournisseur) n'attend pas l'échéance du 30 juin pour être payé.

1. Enregistrement de la réception de l'effet signé par le client.

Date	Compte	Libellé	Débit	Crédit
02/05/2013	413	Clients, effets à recevoir	10000,00	
02/05/2013	411	Clients		10000,00
C'est la même écriture que pour la remise à l'encaissement.				

2. Le fournisseur remet l'effet à l'escompte.

Date	Compte	Libellé	Débit	Crédit
02/05/2013	5114	Effets à l'escompte	10000,00	
02/05/2013	413	Clients, effets à recevoir		10000,00

3. **Quelques jours après, et donc avant l'échéance, le fournisseur perçoit les fonds.**

Date	Compte	Libellé	Débit	Crédit
06/05/2013	512	Banque	9910,69	
06/05/2013	627	Services bancaires	5,00	
06/05/2013	44566	TVA déductible/ABS	0,98	
06/05/2013	66	Charges financières	83,33	
06/05/2013	5114	Effets à l'escompte		10000,00
Puisque l'effet est escompté, outre les frais d'encaissement (services bancaires), la banque facture des frais financiers liés à l'escompte (charges financières). La TVA s'applique sur les services bancaires mais pas sur les charges financières.				

4. Enregistrement d'un paiement effectué au moyen d'un effet

Imaginons maintenant que c'est l'entreprise qui est le client et qu'elle veuille régler une facture de 10000 € à son fournisseur avec un effet. L'enregistrement se fait en seulement 2 étapes.

1. **Enregistrement de l'envoi de l'effet au fournisseur.**

Date	Compte	Libellé	Débit	Crédit
02/05/2013	401	Fournisseurs	10000,00	
02/05/2013	403	Fournisseurs, effets à payer		10000,00
L'entreprise en tant que client s'acquitte de sa dette en envoyant un effet.				

2. **À la date d'encaissement, le compte banque est crédité du nominal.**

Date	Compte	Libellé	Débit	Crédit
30/06/2013	403	Fournisseurs, effets à payer	10000,00	
30/06/2013	512	Banque		10000,00
Que l'effet soit mis à l'encaissement ou à l'escompte par le bénéficiaire (fournisseur), cela ne change rien pour le tiré (client). Ici, l'entreprise étant considéré comme le client, son compte est prélevé du nominal à la date d'échéance. Elle n'a pas d'autre opération à enregistrer.				

À savoir

La dématérialisation des effets

La dématérialisation des effets est possible et même souhaitable lorsque les entreprises gèrent un grand nombre de lettres de change. Les effets sont regroupés en LCR magnétiques (Lettres de changes relevés sur support informatique). La banque peut ainsi en faciliter la gestion par voie électronique (CD-rom, Internet). La dématérialisation permet une simplification et assure une plus grande rapidité de traitement de ces effets par rapport à leur gestion « papier ».

9. La paie et les charges sociales

Il ne s'agit pas ici de maîtriser la technique de la paie réservée à des gestionnaires dédiés, tant elle est complexe et dépend d'une multitude de paramètres, qui diffèrent selon les types de contrats, les conventions collectives, les métiers, la taille de l'entreprise, etc. En outre les données de calcul – taux et bases de cotisation, rubriques… – varient régulièrement. Nous allons plutôt étudier les méthodes d'enregistrement comptable des paies, des charges sociales et de leur paiement.

Aujourd'hui, la plupart des paies sont réalisées à l'aide d'un logiciel de paie et, souvent, les écritures comptables générées par ces paies sont traitées et intégrées directement par le biais du logiciel comptable. Néanmoins, il est quand même important de savoir comment s'enregistre un bulletin de paie en comptabilité, ne serait-ce que pour veiller au bon paramétrage des logiciels : il faut que l'interface entre la paie et la comptabilité soit correcte.

Afin de mieux comprendre ce mécanisme, nous allons nous servir d'un exemple de fiche de paie (dont les taux de cotisations sont donnés à titre indicatif), que nous allons enregistrer comptablement.

Afin de simplifier la démonstration, nous allons prendre un exemple et décomposer l'enregistrement du bulletin d'un salarié, Antoine Martin, en deux temps : le bulletin de paie côté part salariale, et les charges sociales et le bulletin de paie côté charges patronales.

1. Le bulletin de paie côté part salariale et son enregistrement

Employeur **Pasapas** 3 rue Hugo 75015 Paris Date bulletin : **30/11/2013** Date paiement : 30/11/2013		**BULLETIN DE PAYE**	
		Salarié	
Période	**nov-13**	Nom	MARTIN
Salaire horaire brut (€)	10,82	Prénom	Antoine
Heures effectuées	151,67	Matricule	12
		Emploi	Agent administratif
Base brute	1 641,07	N° sécurité sociale	1690685002168/23

Charges sur salaire brut	**Part salariale**		**Part patronale**	
	Taux (%)	**Montant**	**Taux (%)**	**Montant**
CSG non déductible et CRDS	2,90	46,76		
CSG déductible	5,10	82,23		
Assurance maladie	0,75	12,31	12,80	210,06
Assurance vieillesse	6,75	110,77	9,90	162,47
Allocations familiales			5,40	88,62
Accidents du Travail			1,40	22,97
Contribution autonomie			0,30	4,92
FNAL			0,50	8,21
Assurance Chômage	2,40	39,39	4,00	65,64
Fonds de garantie des salaires			0,10	1,64
Sous-total Urssaf		291,45		564,53
Non-cadre ARRCO	3,00	49,23	4,50	73,85
Non-cadre AGFF	0,80	13,13	1,20	19,69
Sous-total Retraite		62,36		93,54
	Total charges	**353,81**		**658,07**
Net à payer : 1 287,26				

Voici comment se présente en général un bulletin de paie. Notez qu'y apparaissent une part salariale – les charges supportées par le salarié qui diminuent son salaire brut – et une part patronale – les charges supplémentaires sur le salaire brut payées par l'entreprise à différents organismes. Au total dans notre exemple, pour ce salarié, l'entreprise aura à sa charge : 1 641,07 € (salaire brut) + 658,07 € (charges patronales) = 2 299,14 €.

Voici comment enregistrer ce bulletin de paie côté part salariale.

JOURNAL : OD (opérations diverses)				
Date	**Compte**	**Libellé**	**Débit**	**Crédit**
Bulletin de paie Antoine MARTIN, novembre 2013				
30/11/2013	641	Rémunérations du personnel (brute)	1 641,07	
Le compte 641 est débité du montant du salaire brut, qui est bien à la charge de l'entreprise.				
30/11/2013	431	Sécurité sociale (Urssaf et Pôle Emploi)		291,45
On enregistre ici la part salariale de l'Urssaf qui est déduite du brut.				
30/11/2013	437	Autres organismes sociaux (Caisses de retraite et de prévoyance)		62,36
On a enregistré sur un autre compte le reste des charges de la part salariale correspondant aux autres organismes sociaux				
30/11/2013	421	Personnel, rémunérations dues		1 287,26
On enregistre le salaire net au crédit du compte 421 puisque c'est une dette qu'a l'entreprise auprès du salarié, ce qui permet d'équilibrer l'écriture.				
		Total	**1 641,07**	**1 641,07**

Nous n'avons pris en compte, pour le moment, que les charges salariales venant en déduction du brut. Nous traiterons les cotisations patronales plus loin dans ce chapitre. Pour enregistrer le paiement du salaire, on passe une écriture au journal de banque.

JOURNAL : BANQUE				
Date	**Compte**	**Libellé**	**Débit**	**Crédit**
Chèque salaire MARTIN				
30/11/2013	421	Personnel, rémunérations dues	1 287,26	
30/11/2013	512	Banque		1 287,26

Imaginons maintenant qu'un acompte sur salaire soit versé, voici l'écriture qui en découle.

Journal : Banque				
Date	**Compte**	**Libellé**	**Débit**	**Crédit**
		Chèque salaire MARTIN		
14/11/2013	425	Personnel, avances et acomptes	500,00	
14/11/2013	512	Banque		500,00
Lors de l'enregistrement du bulletin de salaire de novembre, cet acompte viendra diminuer le net à payer. Pour ce faire, dans l'OD de paie, on débitera le compte 421 – Personnel, rémunérations dues *et on créditera le compte* 425 – Personnel, avances et acomptes, *pour solder ce dernier.*				

2. Les déclarations sociales

Une fois enregistré le bulletin de paie, côté part salariale, il va maintenant falloir enregistrer les charges que l'entreprise paye en complément de ce salaire, charges qui apparaissent en part patronale sous divers libellés : CSG, assurance maladie, assurance chômage, retraite... Ces charges seront payées par l'entreprise à divers organismes sociaux, dont le plus important est l'Urssaf. Pour information, l'Urssaf regroupe un certain nombre de cotisations et se charge ensuite de régler à d'autres organismes (Caisse nationale d'assurance maladie ou CNAM, Assurance chômage, Fonds national d'aide au logement...) le montant qui lui est dû.

Mais avant l'enregistrement de ces charges et leur paiement, l'entreprise va d'abord élaborer ce que l'on appelle des déclarations sociales. Ces déclarations lui permettent de savoir les sommes à régler à chaque organisme social, et ce tant du côté patronal que du côté salarial, car l'entreprise règle également les montants qui ont été prélevés à la source sur le salaire brut des salariés.

Comme on l'a dit, le but des déclarations sociales est de calculer les sommes dues aux organismes sociaux, qui sont :

- l'Urssaf pour les cotisations maladie, l'assurance vieillesse, le chômage... ;

- l'ARGIC (retraite des cadres) l'ARRCO (retraite de tous les salariés du secteur privé) pour les retraites complémentaires ;
- la formation ;
- l'effort de construction, dont la collecte par divers organismes (Procilia, CIL, Amalia, GIC...), diffère selon les sociétés.

Selon l'entreprise, le bulletin de salaire précisera d'autres rubriques de cotisations pour :

- les comités d'établissement (pour les employeurs de plus de 50 ETP[1]) ;
- les cotisations spécifiques aux cadres ;
- la taxe sur les salaires (pour les associations non assujetties à la TVA), etc.

Les déclarations sociales se font régulièrement, chaque mois ou chaque trimestre (la périodicité est fonction du nombre d'ETP). Elles reprennent la masse salariale sur laquelle sont calculées les cotisations patronales (à la charge de l'entreprise) et les cotisations salariales (celles qui ont été déduites du salaire brut). Notez que ces déclarations et leur paiement s'effectuent aujourd'hui de plus en plus souvent par Internet, les déclarations « papier » étant vouées à disparaître.

L'Urssaf étant l'un des organismes sociaux les plus importants, voici sa déclaration sociale (simplifiée) qui va nous servir d'exemple pour l'enregistrement qui suit.

Pour cette déclaration du bulletin de paie d'Antoine Martin, nous supposons qu'il est l'unique employé de notre société (sinon les bases de calculs seraient supérieures car elles cumuleraient tous les salariés).

1. ETP ou Équivalent temps plein. Si un salarié travaille à temps partiel, par exemple à 30 % d'un temps plein, il représente 0,30 ETP. Si l'entreprise emploie deux secrétaires à mi-temps et un comptable à temps plein, ces 3 personnes représentent un effectif salarié de 2 ETP (0,5 + 0,5 + 1).

Urssaf novembre 2013	Base	Taux %	Montant
Assurance maladie, vieillesse – **Part salariale**	1 641,07	7,50	123,08
Assurance maladie, vieillesse, allocations familiales, accident du travail, contribution autonomie, FNAL – **Part patronale**	1 641,07	30,30	497,24
CSG – **Cotisations salariales**	1 612,35	8,00	128,99
La base de calcul retenue pour la CSG est de 98,25 % du brut.			
Chômage – **Part salariale**	1 641,07	2,40	39,39
Chômage – **Part patronale**	1 641,07	4,10	67,28
		Total	**855,98**

D'après cette déclaration, l'entreprise doit régler 855,98 € à l'Urssaf pour le mois de novembre. Nous verrons bientôt comment enregistrer les charges sociales mais, auparavant, réalisons la déclaration des charges relatives à la retraite complémentaire.

Retraite complémentaire novembre 2013	Base	Taux %	Montant
ARRCO et AGFF – **Part salariale**	1 641,07	3,80	62,36
ARRCO et AGFF – **Part patronale**	1 641,07	5,70	93,54
Total			**155,90**

L'entreprise doit 155,90 € au titre de la retraite complémentaire.

Nous allons maintenant procéder à la seconde partie de l'enregistrement du bulletin de Monsieur Martin, côté parts patronales.

3. Le bulletin de paie côté part patronale et son enregistrement

Attention : les fiches de paie ont préalablement été enregistrées (étape 1 de ce chapitre), avec le précompte salarial des charges sociales. Donc, on ne procédera ici qu'à l'enregistrement comptable des charges de la part patronale (497,24 € + 67,28 €). On se base d'abord sur la déclaration Urssaf pour enregistrer la quote-part patronale. Voyons comment.

Journal : Opérations diverses				
Date	**Compte**	**Libellé**	**Débit**	**Crédit**
30 /11/2013	645	Charges de Sécurité sociale	564,52	
30/11/2013	431	Sécurité sociale		564,52

Depuis le 1er janvier 2011, c'est auprès de l'Urssaf que se font les déclarations des charges concernant le chômage, ainsi que leur paiement. Suivant notre logique de simplification, nous avons intégré les cotisations chômage au compte 645 – Charges de Sécurité sociale, *qui a la même racine que le compte* 6454 – Cotisations aux Assedic.

Si vous remarquez un écart d'un centime entre la déclaration Urssaf et le calcul sur la fiche de paie, c'est normal. C'est dû à l'arrondi à deux décimales sur les sous-totaux de la fiche de paie.

Il faut maintenant payer l'Urssaf en totalité (parts salariale et patronale). L'enregistrement du paiement s'effectue simplement ainsi.

Journal : Banque				
Date	**Compte**	**Libellé**	**Débit**	**Crédit**
Chèque Urssaf				
05/12/2013	431	Urssaf	855,98	
05/12/2013	512	Banque		855,98

Sur le même principe, il faut maintenant enregistrer les charges patronales de la retraite complémentaire, pour le montant apparaissant tant sur la fiche de paie de M. Martin que sur la déclaration.

Journal : Opérations diverses				
Date	**Compte**	**Libellé**	**Débit**	**Crédit**
30 /11/2013	6453	Cotisations aux caisses de retraite	93,54	
30/11/2013	437	Autres organismes sociaux		93,54

Le paiement de la retraite complémentaire règle la part salariale et la part patronale.

Journal : Banque				
Date	**Compte**	**Libellé**	**Débit**	**Crédit**
Chèque Urssaf				
05/12/2013	437	Autres organismes sociaux	155,90	
05/12/2013	512	Banque		155,90

Nous venons de voir l'enregistrement des charges sociales dues à l'Urssaf et celui des retraites complémentaires mais, dans la pratique, il peut exister de nombreuses autres cotisations : 1 % logement, comité d'entreprise, cotisations spécifiques aux cadres, formation, mutuelles... L'enregistrement de ces charges patronales se fait sur le même principe : débit du compte de charge correspondant, crédit du compte correspondant à l'organisme.

Pour simplifier et expliquer le processus, nous avons volontairement décomposé l'enregistrement de notre bulletin de paye en deux temps : d'abord le côté part salariale, ensuite les quotes-parts patronales. Ces enregistrements sont tout à fait valables d'un point de vue comptable, mais on peut tout aussi bien regrouper les deux étapes en un seul enregistrement, tel que ci-dessous.

JOURNAL : OD (opérations diverses)				
Date	**Compte**	**Libellé**	**Débit**	**Crédit**
Bulletin de paie Antoine MARTIN, novembre 2013				
30/11/2013	641	Rémunérations du personnel *(Salaire brut)*	1 641,07	
30/11/2013	645	Charges de sécurité sociale *(Quote-part patronale)*	564,53	
30/11/2013	431	Sécurité sociale (Urssaf et Pôle Emploi) *(Part patronale + part salariale = ce qui est dû à l'Urssaf)*		855,98
30/11/2013	6453	Cotisations aux caisses de retraite *(Quote-part patronale)*	93,54	
30/11/2013	437	Autres organismes sociaux (Caisses de retraite et de prévoyance) *(Part patronale + part salariale = ce qui est dû pour la retraite)*		155,90
30/11/2013	421	Personnel, rémunérations dues *(Le net à payer)*		1 287,26
Total			**2299,14**	**2299,14**
Cette opération, correcte parce qu'équilibrée, fait apparaître ce qui est à la charge de l'entreprise (salaire brut et cotisations patronales), ce qui est dû au salarié (le net), ainsi que ce qui est dû aux organismes sociaux.				

Cas pratique n°7

Enregistrement d'un bulletin de paie

Enregistrez ce bulletin de salaire tant côté part salariale que côté part patronale.

Employeur **Pasapas** 3 rue Hugo 75015 Paris Date bulletin : **30/11/2013** Date paiement : 30/11/2013		**BULLETIN DE PAYE**	
		Salarié	
Période	**nov-13**	Nom	THOMAS
Salaire horaire brut (€)	13,99	Prénom	Clémentine
Heures effectuées	151,67	Matricule	2
		Emploi	Comptable
Base brute	2 121,86	N° sécurité sociale	2790685002168/23

Charges sur salaire brut	Part salariale		Part patronale	
	Taux (%)	Montant	Taux (%)	Montant
CSG non déductible et CRDS	2,90	60.46		
CSG déductible	5,10	108.32		
Assurance maladie	0,75	15.91	12,80	271.60
Assurance vieillesse	6,75	143.23	9,90	210.06
Allocations familiales			5,40	114.58
Accidents du Travail			1,40	29.70
Contribution autonomie			0,30	6.37
FNAL			0,50	10.61
Assurance Chômage	2,40	50.92	4,00	84.87
Fonds de garantie des salaires			0,10	2.12
Sous-total Urssaf		376.84		729.92
Non-cadre ARRCO	3,00	63.66	4,50	95.48
Non-cadre AGFF	0,80	16.97	1,20	25.46
Sous-total Retraite		80.63		120.95
Total charges		**457.47**		**850.87**
Net à payer : 1 664,39				

Voir le corrigé page 184.

Cas pratique n° 8

Déclaration Urssaf

Complétez la déclaration Urssaf simplifiée ci-dessous, puis passez les écritures correspondant à cette déclaration et à son paiement au 5 avril 2013.
Nous supposerons que la quote-part salariale a déjà été enregistrée.

Urssaf mars 2013	Base	Taux %	Montant
Assurance maladie, vieillesse, allocations familiales… **Part salariale**	15000	7,50	
Assurance maladie, vieillesse, allocations familiales… **Part patronale**	15000	30,30	
CSG **Cotisations salariales**	14738	8,00	
Chômage **Part salariale**	15000	2,40	
Chômage **Part patronale**	15000	4,10	
Total			

Voir le corrigé page 184.

10. La préparation du bilan et du compte de résultat

Jusqu'ici, les sujets abordés concernaient les opérations courantes : achats, ventes, TVA, banque, caisse, charges sociales… Ces écritures, tout au long de l'année, ont alimenté le grand-livre général pour que, à la fin de l'exercice comptable, puissent être réalisés des documents de synthèse : le bilan, le compte de résultat et l'annexe. Ces documents de synthèse nécessitent au préalable que soient faites des « opérations d'inventaire », qui sont des travaux de préparation comptable. Parmi ces opérations d'inventaire, nous allons plus particulièrement voir celles-ci :

- les dotations aux amortissements (les immobilisations) ;
- le contrôle des stocks ;
- le rattachement des charges et des produits à l'exercice ;
- les provisions pour dépréciation de l'actif ;
- les provisions pour risques et charges ;
- charges à payer, produits à recevoir…

Une fois ces travaux réalisés, on pourra établir le bilan, puis le compte de résultat (à partir duquel sera calculé l'impôt sur les sociétés) et l'annexe.

N.B. : on parle souvent de « préparation du bilan », en réalité on devrait dire « préparation du bilan, du compte de résultat et de l'annexe ». Ces trois documents étant indissociables, le jargon comptable les désigne sous le vocable « liasse fiscale ».

1. Les immobilisations

A. Un investissement sur la durée = une immobilisation

Les immobilisations occupent une place particulière dans la comptabilité de l'entreprise, car elles concernent des achats relatifs à des investissements qui courent sur plusieurs années. Ces investissements ne seront donc pas enregistrés en charges puisque les charges ne concernent qu'un seul exercice. Notez qu'enregistrer un investissement comme une charge pèserait trop lourd sur un seul exercice, le coût des investissements étant souvent important, et diminuerait le résultat (donc l'impôt), de manière anormale.

Une immobilisation étant utilisée par l'entreprise durant plusieurs années, il convient donc de répartir – d'amortir – son coût sur plusieurs années, c'est-à-dire sur sa période d'utilisation. La répartition de ce coût sur plusieurs années se fait selon deux méthodes d'amortissement, l'amortissement linéaire ou l'amortissement dégressif, que nous verrons plus loin.

En bref, **l'amortissement des immobilisations consiste à répartir la charge des investissements sur leurs années d'utilisation**.

Pour qu'un achat puisse être comptablement traité en immobilisation, 3 conditions seront réunies :

- **La propriété de l'entreprise**. Le bien immobilisé doit être acquis en pleine propriété. Il n'est pas possible d'immobiliser un bien en location, par exemple.

- **La durée**. Une immobilisation est destinée à être utilisée durant plusieurs années par l'entreprise; par exemple, une automobile, une machine, des locaux, un ordinateur…
- **Le prix d'achat**. En dessous d'un certain seuil – habituellement 500,00 € HT –, les achats de biens immobilisables sont comptabilisés en charges et, au-delà de 500,00 € HT, ils le sont en tant qu'immobilisations.

Prenons l'exemple d'une petite imprimante et l'hypothèse du seuil de 500,00 € HT.

Dans le cas où cette imprimante est achetée 100,00 € HT, elle est passée en charge.

JOURNAL : ACHATS				
Date	**Compte**	**Libellé**	**Débit**	**Crédit**
		Achat imprimante		
30/03/2013	6063	Fournitures d'entretien et petit équipement	100,00	
30/03/2013	44566	TVA déductible/ABS	19,60	
30/03/2013	401	Fournisseurs		119,60

Si elle est achetée 1 000,00 € HT, elle est passée en immobilisations.

JOURNAL : ACHATS				
Date	**Compte**	**Libellé**	**Débit**	**Crédit**
		Achat imprimante		
30/03/2013	2183	Matériel de bureau et matériel informatique	1 000,00	
30/03/2013	44562	TVA déductible sur immobilisations	196,00	
30/03/2013	404	Fournisseurs d'immobilisations		1 119,60

Remarquez qu'entre les deux jeux d'écritures, les comptes de tiers et les comptes de TVA ont changé de libellé.

Rappelez-vous qu'une charge s'inscrit au débit d'un compte de classe 6 et qu'elle diminue le résultat. Une immobilisation, elle, s'inscrit au débit d'un compte commençant par 2 et, à ce stade de l'enregistrement, n'a pas d'impact sur le résultat. Son impact sur le résultat interviendra au moment du calcul des amortissements, comme on le verra plus loin.

Voici les comptes sur lesquels s'imputent les immobilisations :

- *201 – Frais d'établissement*
- *203 – Frais de recherche et de développement*
- *205 – Concessions, brevets, licences...*
- *206 – Droit au bail*
- *207 – Fonds commercial*
- *211 – Terrains*
- *212 – Agencements*
- *213 – Constructions*
- *214 – Constructions sur sol d'autrui*
- *2154 – Matériel industriel*
- *2155 – Outillage industriel*
- *2181 – Installations générales, agencements, aménagements...*
- *2182 – Matériel de transport*
- *2183 – Matériel de bureau et matériel informatique*
- *2184 – Mobilier*
- *2185 – Cheptel*
- *2186 – Emballages récupérables*

Notez que les montants enregistrés dans ces comptes incluent les frais accessoires tels que les frais de livraison, d'installation... Si des frais accessoires sont facturés au moment de l'achat de l'immobilisation, ils seront intégrés à la valeur de cette immobilisation. Prenons l'exemple d'un mobilier acheté 1 000 € auquel s'ajoute un coût de livraison de 100 €, la valeur enregistrée au débit du compte *2184 – Mobilier* sera de 1 100 € HT.

Les immobilisations ont, comme on l'a dit plus haut, une durée d'utilisation – ou durée de vie théorique – qui est répartie sur plusieurs années et qui varie selon l'investissement. À titre indicatif, voici quelques-unes des durées d'immobilisation habituellement constatées et généralement utilisées en comptabilité :

- Constructions, bâtiments : de 20 à 50 ans.
- Agencements, installations industrielles : 10 ans.
- Machine industrielle : de 5 à 10 ans.
- Mobiliers : 10 ans.
- Véhicules : 5 ans.
- Matériels de bureau : 5 ans.
- Ordinateurs et logiciels : 3 ans.

Par rapport à ces durées de vie habituellement constatées, les entreprises ont toutefois une certaine liberté de choix. Par exemple, une entreprise peut souhaiter amortir ses ordinateurs sur 4 ans (au lieu de 3), et décider que le seuil départageant les charges des immobilisations est de 300,00 € (au lieu de 500,00). Toutefois, et sauf à avoir des raisons valables et clairement motivées, si elle adopte ces critères, elle ne peut plus en changer par la suite : elle doit se conformer aux règles d'amortissement qu'elle a définies, en application de « la permanence des méthodes comptables ».

Pour répartir le coût des immobilisations sur plusieurs années, voyons maintenant les deux principales méthodes d'amortissements utilisées en France : l'amortissement linéaire et l'amortissement dégressif.

B. L'amortissement linéaire

Type d'amortissement le plus pratiqué, l'amortissement linéaire a la caractéristique suivante : **le montant de l'amortissement est constant sur la durée de vie comptable du bien.**

Pour mieux comprendre, prenons l'exemple d'un ordinateur acheté 900 € HT le 1er janvier 2012 à amortir sur 3 ans. On va d'abord calculer le taux d'amortissement selon la formule suivante :

Taux (%) = 100 ÷ Durée d'amortissement

Le taux d'amortissement de l'ordinateur est donc de : 100 ÷ 3 = **33,33 %** (ou 1/3)[1]. C'est avec ce taux qu'on élabore le tableau des amortissements qui suit.

Année	Valeur brute	Taux %	Valeur nette début année	Amortissement	Valeur nette fin d'année
2012	900	33,33	900	300	600
2013	900	33,33	600	300	300
2014	900	33,33	300	300	0

Remarque :

- L'amortissement a été calculé en appliquant le taux de 33,33 % sur la valeur d'achat. On obtenait 299,97 € (900 x 33,33 %), mais on a tenu compte de l'écart d'arrondi et on a ajusté à 300 €, ce qui est conforme au ratio d'1/3.
- L'amortissement se calcule toujours sur le HT car l'entreprise récupère la TVA.

Comme vous le voyez, cet ordinateur présente un amortissement constant chaque année. Ce n'est valable que parce que son achat a été fait un 1er janvier. Voyons maintenant comment procéder quand un investissement est fait en cours d'année.

Le prorata temporis

La plupart du temps, les investissements se font tout au long de l'année et supportent donc rarement un amortissement en année pleine. Leur amortissement se fera alors en fonction du temps d'utilisation du bien « proratisé » sur la 1re année grâce au « prorata temporis ».

Prenons l'exemple d'un bien acheté le 15 février. La méthode comptable va calculer la première annuité d'amortissement au prorata, en prenant en compte la date d'acquisition par rapport à une année complète.

1. Le chiffre obtenu comporte beaucoup plus de décimales après la virgule : 33,3333… On arrondit à 33,33 %, mais on tient compte ensuite de cet arrondi dans les calculs du tableau d'amortissement.

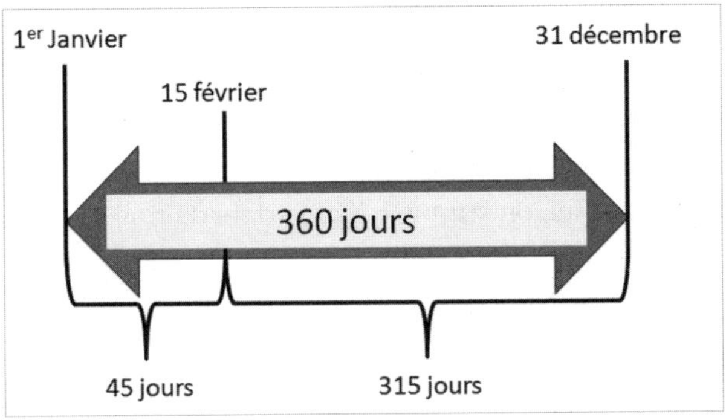

N.B. : ce schéma est réalisé sur la base de mois comptant 30 jours et d'une année de 360 jours. On aurait pu tout aussi bien calculer le nombre exact de jours séparant le 15 février du 31 décembre, mais il vaut toujours mieux simplifier. L'important est de rester logique avec la méthode choisie.

En se basant sur le schéma et le tableau d'amortissement précédent, on calcule la première annuité d'amortissement au prorata temporis :

300 € x (315 J/360 J) = 262,50 €

Avec cette première annuité, on élabore un nouveau tableau d'amortissement.

Année	Valeur brute	Taux %	Valeur nette début année	Amortissement	Valeur nette fin d'année
2012	900	33,33	900,00	262,50	637,50
2013	900	33,33	637,50	300	337,50
2014	900	33,33	337,50	300	37,50
2015	900	33,33	37,50	37,50	0

Remarques :

- On constate que ce tableau court jusqu'en 2015 avec une dernière annuité qui est le complément de la première.
- L'amortissement court dès le jour de la mise en service de l'immobilisation. Ici, on suppose que la date de mise en service est la date d'acquisition.

La dotation aux amortissements

Puisque l'achat de l'immobilisation a été comptabilisé en compte de classe 2 (et non en charges), il n'y a eu à ce stade aucun impact sur le résultat de l'entreprise. C'est l'écriture comptable de la dotation aux amortissements à la fin de l'année comptable – qui affecte aux exercices concernés les charges relatives à l'utilisation de l'immobilisation – qui va impacter le résultat.

Le tableau d'amortissement, qui nous a permis de calculer l'amortissement à doter chaque année, précise, pour l'exercice 2013, une dotation de 262,50 €. L'écriture de la dotation aux amortissements, passée au journal des OD, va s'équilibrer en débitant le compte de charge *681 – Dotations aux amortissements* puis en créditant le compte *281 – Amortissements des immobilisations corporelles* de la même somme.

JOURNAL : OPÉRATIONS DIVERSES				
Date	**Compte**	**Libellé**	**Débit**	**Crédit**
		Dotation au 31/12/2013		
31/12/2013	681	Dotations aux amortissements	262,50	
31/12/2013	281	Amortissements des immobilisations corporelles		262,50

Chaque année, l'écriture sera identique jusqu'à la fin de l'amortissement, seule la somme changera : on prendra la somme qui figure sur le tableau d'amortissement pour l'année correspondante. Une exception cependant : quand l'immobilisation sort de l'entreprise (nous verrons le cas des cessions d'immobilisations au chapitre 11 consacré aux opérations avancées).

Cas pratique n°9

Amortissement linéaire

Voici deux biens à amortir en linéaire. Élaborez les tableaux d'amortissement et passez les écritures de dotation pour 2013.

1. Bien : véhicule utilitaire
Date acquisition :
01/07/2013
Mode d'amortissement :
linéaire. Durée : 5 ans
Coût d'achat HT : 6 000,00 €

2. Bien : mobilier
Date acquisition :
01/10/2013
Mode d'amortissement :
linéaire. Durée : 10 ans
Coût d'achat HT : 9 000,00 €

Voir le corrigé page 185.

C. L'amortissement dégressif

La principale raison de l'amortissement dégressif est d'encourager l'investissement des entreprises en leur procurant un avantage fiscal. Cet avantage se concrétise par **un amortissement des immobilisations plus élevé les premières années qui suivent l'acquisition**. Comme on le sait maintenant, la dotation annuelle étant une charge, elle vient diminuer le résultat de l'entreprise, donc l'impôt sur les sociétés qu'elle va devoir acquitter. Or, plus la dotation est forte, plus elle contribue à réduire l'impôt. C'est donc l'atout de l'amortissement dégressif, les premières années, par rapport à l'amortissement linéaire.

Pour calculer l'amortissement dégressif, on se base sur un coefficient fiscal, lui-même basé sur l'amortissement linéaire et la durée de vie du bien.

Voici les trois coefficients fiscaux, selon la durée de vie estimée du bien :

- 1,25 pour une durée de vie de 3 à 4 ans ;
- 1,75 pour une durée de vie de 5 à 6 ans ;
- 2,25 pour une durée de vie supérieure à 6 ans.

Ces coefficients sont donnés à titre indicatif : si l'amortissement dégressif est bien défini dans le Code général des impôts, les coefficients fiscaux, eux, sont susceptibles d'évoluer selon les années.

Reprenons maintenant l'exemple développé lors de la présentation de l'amortissement linéaire : un ordinateur amorti sur 3 ans, acheté 900 € HT le 1er janvier 2012.

Le taux d'amortissement linéaire était de 33,33 % (taux en % = 100 ÷ durée d'amortissement, soit ici 100 ÷ 3).

Pour obtenir le taux d'amortissement dégressif, on applique maintenant le coefficient fiscal adéquat au taux linéaire théorique. Pour une durée de vie de 3 ans, le coefficient fiscal est de 1,25. Le taux dégressif est donc : 41,66 % arrondi (1,25 x 33,33). Avec ce taux, on bâtit maintenant un tableau d'amortissement dégressif.

<table>
<tr><th>Année</th><th>Valeur brute</th><th>Taux %</th><th>Valeur nette début année</th><th>Amortissement</th><th>Valeur nette fin d'année</th></tr>
<tr><td>2012</td><td>900</td><td>41,66</td><td>900,00</td><td>374,94</td><td>525,06</td></tr>
<tr><td colspan="6">Attention : l'amortissement dégressif étant conçu pour être plus avantageux que l'amortissement linéaire, il faut qu'il le reste. Donc, à chaque nouvelle annuité, on recalcule le taux linéaire théorique. Début 2013, il reste deux années à amortir (2013 et 2014). On va regarder lequel des taux, celui du linéaire ou celui du dégressif, est maintenant le plus intéressant : le linéaire donne un taux de 50 % (100/2) et, comme il est plus fort que le taux du dégressif, on passe donc en linéaire pour les deux années suivantes.</td></tr>
<tr><td>2013</td><td>900</td><td>50,00</td><td>525,06</td><td>262,53</td><td>262,53</td></tr>
<tr><td>2014</td><td>900</td><td>50,00</td><td>262,53</td><td>262,53</td><td>0,00</td></tr>
</table>

Imaginons maintenant que l'acquisition du bien s'est faite en cours d'année, le 15 février. Il va falloir appliquer un prorata temporis pour la 1re annuité. **À la différence de l'amortissement linéaire où le prorata temporis est calculé en jours d'utilisation, le prorata temporis est calculé en mois entiers d'utilisation pour l'amortissement dégressif.**

Pour un achat réalisé le 15 février, on inclut le mois de février complet (celui qui est entamé) dans le calcul et on obtient 11 mois d'utilisation. On calcule ensuite la première annuité :

$$900 \times 41,66\ \% \times 11/12 = 343,70\ €.$$

Et on établit le tableau suivant.

Année	Valeur brute	Taux %	Valeur nette début année	Amortissement	Valeur nette Fin d'année
2012	900	41,66	900,00	343,70	556,30
Ici aussi, le dégressif doit être plus avantageux que le linéaire. A chaque nouvelle annuité, on recalcule donc le taux linéaire théorique. Début 2013, il reste deux années à amortir (2013 et 2014). On regarde lequel des taux, celui du linéaire ou celui du dégressif, est le plus intéressant : le linéaire donnant un taux de 50 % (100/2), il est plus fort que le dégressif, on passe donc en linéaire pour les deux années suivantes.					
2013	900	50,00	556,30	278,15	278,15
2014	900	50,00	278,15	278,15	0,00

L'écriture de dotation aux amortissements pour la 1re annuité suit le même principe que pour la dotation d'un bien amorti en linéaire.

JOURNAL : OPÉRATIONS DIVERSES				
Date	**Compte**	**Libellé**	**Débit**	**Crédit**
Dotation au 31/12/2013				
31/12/2013	681	Dotations aux amortissements	343,70	
31/12/2013	281	Amortissements des immobilisations corporelles		343,70

Le passage du dégressif au linéaire

Le passage du dégressif au linéaire tient compte d'un seuil à partir duquel l'entreprise doit basculer de l'un vers l'autre pour garder le taux le plus profitable pour elle, ainsi que le préconisent les règles de l'amortissement dégressif. Dans l'exemple précédent, on a vu que l'on passait au taux linéaire dès la 2e année, mais ce n'est pas toujours le cas.

Pour mieux assimiler ce passage du dégressif au linéaire, prenons un nouvel exemple :

- une camionnette, achetée 10 000 € HT le 22 mai 2013, doit être amortie sur 5 ans selon la méthode dégressive ;
- le taux linéaire théorique serait de 100 ÷ 5 = 20 % ;
- le coefficient fiscal, pour une durée de vie de 5 années, est de 1,75 ;
- le taux dégressif est donc de 35 % (20 x 1,75) ;

– la date d'achat se situant en mai, on compte 8 mois d'utilisation, la première annuité sera donc affectée d'un coefficient de 8/12e, soit 10 000 x 35 % x 8/12 = 2 333,33 €.

Le calcul de cette 1re annuité permet de démarrer le tableau d'amortissement.

<table>
<tr><th>Année</th><th>Valeur brute</th><th>Taux %</th><th>Valeur nette début année</th><th>Amortissement</th><th>Valeur nette Fin d'année</th></tr>
<tr><td>2013</td><td>10 000</td><td>35</td><td>10 000</td><td>2 333,33</td><td>7 666,67</td></tr>
<tr><td colspan="6">Il reste 4 années à amortir pour amortir le bien : 2014, 2015, 2016, 2017. On cherche à savoir maintenant quel taux, du dégressif ou du linéaire, est le plus favorable pour l'année suivante. On calcule le linéaire théorique : 100 ÷ 4 = 25 %. Le taux de l'amortissement dégressif (35 %) est supérieur, on le conserve donc pour la suite du tableau.</td></tr>
<tr><td>2014</td><td>10 000</td><td>35</td><td>7 666,67</td><td>2 683,33</td><td>4 983,34</td></tr>
<tr><td colspan="6">Il reste 3 années à amortir : 2015 à 2017. Le linéaire théorique est de 33,33 % (100/3), toujours inférieur au 35 % du dégressif. On reste donc en dégressif.</td></tr>
<tr><td>2015</td><td>10 000</td><td>35</td><td>4 983,34</td><td>1 744,17</td><td>3 239,17</td></tr>
<tr><td colspan="6">2 années restent à amortir : 2016 et 2017. = 50 %. Le linéaire avec 50 % (100 ÷ 2) devient plus avantageux que le dégressif. On passe donc en linéaire jusqu'à la fin de l'amortissement du bien.</td></tr>
<tr><td>2016</td><td>10 000</td><td>50</td><td>3 239,17</td><td>1 619,59</td><td>1 619,58</td></tr>
<tr><td>2017</td><td>10 000</td><td>50</td><td>1 619,58</td><td>1 618,58</td><td>0</td></tr>
</table>

Cas pratique n°10

Amortissement dégressif

Préparez le tableau d'amortissement pour une machine industrielle acquise le 30 mai 2013 pour la somme de 20 000,00 € HT, qui sera amortie sur 10 ans. Passez ensuite l'écriture de dotation pour la première année.

Voir le corrigé page 187.

2. Les stocks

Si vous voyez la mention « fermé pour cause d'inventaire » sur la porte d'un commerce ou si un fournisseur précise par mail à ses clients qu'il ne peut fournir aucune marchandise pendant quelques jours pour cause d'inventaire, cela signifie que l'un et l'autre sont en train de « compter » leurs stocks. À la fin de l'exercice comptable, il est en effet nécessaire que soient contrôlés les stocks : de marchandises, de produits, de matières consommables…

Le dernier jour de l'exercice comptable, l'entreprise va donc réaliser précisément une évaluation de ses stocks, tant en quantités qu'en valeur. Heureusement aujourd'hui, les logiciels permettent cette évaluation de manière automatique :

- à chaque approvisionnement (achats), les stocks sont augmentés ;
- à chaque sortie (ventes), les stocks sont diminués.

Toutefois, il peut y avoir des écarts entre le stock estimé informatiquement et le stock réel, d'où la nécessité de réaliser un inventaire physique aux fins de contrôle.

Selon le principe comptable de prudence, les stocks sont estimés à leur valeur d'achat (ou de production), et non à leur valeur éventuelle de vente : c'est logique, car on est jamais sûr de vendre la totalité de ses stocks de marchandises au prix prévu.

Le stock représente une valeur dans la mesure où il est destiné à être un jour revendu. S'il y a une variation entre le début et la fin d'un exercice (conséquence de ventes, de réapprovisionnements, de pertes…), il va donc falloir, à la fin de l'exercice, enregistrer cette variation en comptabilité, ce qui aura un impact sur le résultat et le bilan.

Pour enregistrer comptablement cette variation, il existe, pour chaque compte de stocks, un compte de variation de stock associé.

Compte de stocks	Compte de variations de stocks
31 – Stocks de matières premières	6031 – Variation des stocks de matières premières (et fournitures)
32 – Stocks des autres approvisionnements	6032 – Variation des stocks des autres approvisionnements
35 – Stocks de produits	7135 – Variation des stocks de produits
37 – Stocks de marchandises	6037 – Variation des stocks de marchandises

On connaissait la valeur des stocks (produits, marchandises…) au 1er jour de l'exercice et, maintenant que l'inventaire est terminé, on connaît la valeur de ces stocks au dernier jour de l'exercice. À l'aide des comptes de stocks et leurs comptes associés, on va passer les écritures de variation de stock en deux étapes :

1. L'annulation du stock de début d'exercice.
2. La constatation du stock de fin d'exercice.

Zoom

Le stock au 1er jour d'un exercice comptable N est automatiquement le stock du dernier jour de l'exercice comptable N–1. Il en est de même pour tous les comptes de bilan (commençant par 1, 2, 3, 4, 5). Les comptes de bilan au 1er jour de l'exercice N reprennent les valeurs inscrites dans le bilan de l'année N – 1. Par exemple si l'exercice comptable de l'entreprise va du 1er janvier au 31 décembre, le compte banque au 1er janvier 2014 reprend la même somme que celle inscrite au 31 décembre 2013.

En revanche, les comptes de charges et de produits ne sont pas repris d'un exercice à l'autre. En début d'exercice, les charges et les produits sont nuls : c'est normal puisque les charges et les produits servant à calculer le résultat, « les compteurs sont remis à zéro » en début d'année.

Pour mieux comprendre ces jeux d'écritures, prenons l'exemple d'un stock de marchandises qui avait été valorisé 1 000,00 € au 01/01/2013, et qui l'est au 31/12/2013 pour 2 000,00 €. On passe d'abord l'écriture d'annulation du stock avec la valeur qu'il avait au début de l'exercice.

1. Annulation du stock au 01/01/2013

Date	Compte	Libellé	Débit	Crédit
En fait au 01/01/2013, le stock est celui du bilan de l'année précédente (31/12/2012), il convient de l'annuler. Les comptes de variation des stocks sont utilisés en fin d'exercice.				
31/12/2013	6037	Variation des stocks de marchandises	1 000,00	
31/12/2013	37	Stocks de marchandises		1 000,00
À ce stade, le compte 37 – Stocks de marchandises *est nul.*				

On régularise comptablement la variation des stocks par une écriture de constatation du stock avec sa valeur en fin d'exercice.

2. Constatation du stock au 31/12/2013

Date	Compte	Libellé	Débit	Crédit
31/12/2013	37	Stocks de marchandises	2000,00	
31/12/2013	6037	Variation des stocks de marchandises		2000,00

Au bilan, on aura un stock de 2000,00 €.

Comme on le voit, la première écriture débite de 1000 € le compte *6037 – Variation des stocks de marchandises,* et la seconde écriture crédite ce même compte de 2000 €: 2000 au crédit – 1000 au débit = 1000 au crédit de ce compte. La position de ce compte en crédit impacte le résultat, tout comme un produit qui est placé au crédit: il augmente le résultat. S'il y avait eu, au cours de l'année, une baisse du stock de marchandises, le compte *6037 – Variation des stocks de marchandises* aurait été débiteur et l'impact aurait été de faire baisser le résultat.

La variation des stocks a donc un impact sur le résultat et c'est la position du compte 6037 – débiteur ou créditeur – qui indique si cet impact est positif ou négatif sur le résultat.

On a compris, à partir de l'explication précédente, qu'un stock qui a augmenté en cours d'année contribue à améliorer le bénéfice. Cela peut paraître paradoxal quand on sait qu'un stock est synonyme d'invendus et que toutes les techniques de logistique préconisent le stock minimal… Il convient donc d'expliquer pourquoi un stock, en comptabilité, est un avantage!

Certes un stock a un coût, puisque les entrées de stock ont généré une charge (soit un coût d'achat, soit des coûts de production), mais le stock de fin d'exercice vient compenser les coûts antérieurs d'achat ou de production qui sont à l'origine de la constitution de ce stock. Prenons un exemple simple: vous venez de faire le plein d'essence de votre voiture, ce qui constitue un coût certain, mais une semaine plus tard, le réservoir est toujours plein; vous vous sentez alors plus riche que si vous deviez encore passer à la pompe ! Un stock représente un avantage économique certain puisqu'il est destiné à être consommé (matières premières, combustible...) ou à être revendu (marchandises), et ce, indépendamment des coûts d'achat comptabilisés antérieurement.

Remarque : les comptes de variation de stocks commencent par 6, comme une charge, ou par 7, tel un produit (comme *7135 – Variation des stocks de produits*), mais ce qui importe est leur position au moment de l'établissement du bilan : c'est-à-dire s'ils sont débiteurs ou créditeurs.

Au lieu de procéder en deux étapes pour les écritures d'annulation et de constatation des stocks, comme on vient de le faire, on aurait tout aussi bien pu n'avoir qu'un seul jeu d'écritures tout aussi correct pour constater la seule variation (même si la première méthode est plus explicite).

Date	Compte	Libellé	Débit	Crédit
31/12/2013	37	Stock de marchandises	1 000,00	
31/12/2013	6037	Variation des stocks de marchandises		1 000,00

Cas pratique n°11

Variation des stocks

Pour préparer le bilan 2013, voici les valeurs inscrites au bilan 2012 concernant les stocks :

- marchandises : 25 000 € ;
- produits : 130 000 €.

À l'issue de l'inventaire au 31/12/2013, nous avons les valeurs suivantes :

- marchandises : 30 000 € ;
- produits : 110 000 €.

Passez les écritures de variation des stocks et estimez l'impact sur le résultat.

Voir le corrigé page 188.

3. Le rattachement des charges et des produits à l'exercice

Au cours de l'année, le comptable de l'entreprise enregistre un nombre important de pièces. Parmi celles-ci, une partie est en décalage par rapport à l'exercice. Voici quelques explications, parmi d'autres, qui expliquent ce décalage :

- une facture d'assurance a été enregistrée le 1er juillet, mais la période assurée concerne pour moitié l'exercice pour lequel on prépare le bilan et pour moitié l'exercice suivant ;
- une facture a été envoyée à un client, mais elle comporte des prestations qui ne se feront que l'année prochaine ;
- en décembre, il y a eu des consommations téléphoniques, mais la facture n'arrivera que l'année prochaine ;
- en décembre, de la marchandise a été envoyée à un client, mais la facture ne sera établie qu'en janvier prochain.

Pour préparer le bilan, il va falloir régulariser tous ces décalages en vertu du principe d'indépendance des exercices : toutes les charges et tous les produits doivent être précisément rattachés à l'exercice auquel ils se rapportent, et ce, afin de déterminer un résultat correct. Pour y parvenir, nous allons successivement utiliser les méthodes concernant :

- Les charges constatées d'avance.
- Les produits constatés d'avance.
- Les factures non parvenues.
- Les factures à établir.

A. Les charges constatées d'avance (CCA)

Les charges constatées d'avance concernent des factures déjà enregistrées en comptabilité, mais dont l'objet ou la prestation ne concerne qu'une partie de l'exercice dont on prépare le bilan, l'autre concernant l'exercice comptable suivant. Il faut donc régulariser en « enlevant » du bilan la part de ces charges qui ne sont pas en rapport avec l'exercice en cours par le biais d'un enregistrement des charges constatées d'avance (CCA) dans le journal des opérations diverses (OD).

Remarque : l'enregistrement des CCA se fait en HT.

Prenons l'exemple d'une facture d'assurance datée de juillet 2013 et d'un montant de 500,00 €, la période de garantie couverte courant du 1er juillet 2013 au 30 juin 2014. En juillet 2013, cette facture a été enregistrée : le compte *616 – Assurances* a été débité pour 500,00 € et le compte *401 – Fournisseurs* a été crédité de la même somme. Toutefois, la valeur se rapportant à l'exercice 2013 n'est que de 250,00 € (la moitié) : il faut donc diminuer de l'autre moitié la charge rapportée à l'exercice en enregistrant cette charge constatée d'avance ainsi.

JOURNAL : OD (OPÉRATIONS DIVERSES)				
Date	**Compte**	**Libellé**	**Débit**	**Crédit**
		CCA Assurance		
31/12/2013	486	Charges constatées d'avance	250,00	
31/12/2013	616	Primes d'assurances		250,00

Voici un autre exemple : une facture de loyer de 800 € HT en date du 15 décembre 2013 qui concerne le loyer de janvier 2014. Pour enregistrer la facture, on avait débité le compte *613 – Location* et le compte *44566 – TVA déductible sur ABS*, puis crédité le compte *401 Fournisseurs*... On va « sortir » le loyer de janvier 2014 du bilan 2013 par une écriture de CCA.

Date	Compte	Libellé	Débit	Crédit
		CCA Loyer janvier 2014		
31/12/2013	486	Charges constatées d'avance	800,00	
31/12/2013	613	Locations		800,00

B. Les produits constatés d'avance (PCA)

Les produits constatés d'avance concernent des factures déjà faites et enregistrées en comptabilité, mais dont l'objet ou la prestation concerne, pour tout ou partie, l'exercice comptable suivant. Il est donc nécessaire de régulariser en « rajoutant » au bilan ces produits, en totalité ou pour partie, qui sont en rapport avec l'exercice en cours par le biais d'un enregistrement des produits constatés d'avance (PCA) dans le journal des opérations diverses (OD).

Remarque : l'enregistrement des PCA se fait lui aussi en HT.

Voici un nouvel exemple : le 27 décembre 2013, une facture de 1 000 € a été adressée à un client pour des prestations de maintenance informatique qui ne seront faites qu'en janvier 2014. Cette facture a été enregistrée en décembre 2013 en créditant le compte *706 – Prestations de services* de 1 000,00 € et le compte *44571 – TVA collectée,* et en débitant le compte *411 – Clients.*

Dans la préparation du bilan, on « sort » cette prestation ne concernant pas 2013 par une écriture de produits constatés d'avance (PCA), qui se présente comme suit.

JOURNAL : OD (OPÉRATIONS DIVERSES)				
Date	**Compte**	**Libellé**	**Débit**	**Crédit**
		PCA maintenance 01/2013		
31/12/2013	706	Prestations de services	1 000,00	
31/12/2013	487	Produits constatés d'avance		1 000,00

Astuce

Notez que le compte *487 – Produits constatés d'avance* comporte un *7* en 3e position, ce qui indique qu'il se rapporte aux produits. Le compte *486 – Charges constatées d'avance* a un ***6*** en 3e position, ce qui indique qu'il se réfère aux charges. Ces comptes 4*8*6 et 4*8*7 ont, par ailleurs, un *8* en seconde position, ce qui indique un compte de régularisation. Les subtilités de la codification du plan comptable permettent ainsi de mieux retenir certains comptes :

- 4 pour un compte de tiers
  - 8 pour un compte de régularisation
    - 7 pour un compte de produits
      - **487** – Produits constatés d'avance

Dans certaines entreprises, pour se faciliter la tâche, le comptable attendra 2014 pour enregistrer la facture, plutôt que de l'enregistrer en décembre 2013 alors que son objet concerne 2014, et ensuite passer une écriture de PCA…

C. Les factures non parvenues (FNP)

Il s'agit de prestations réalisées ou de bien cédés par des fournisseurs en 2013, dont les factures ne sont pas encore arrivées et qui n'ont donc pas pu être enregistrées en 2013 dans la comptabilité de l'entreprise. Il faut donc régulariser en « rajoutant » au bilan ces charges en rapport avec l'exercice en cours par le biais d'un enregistrement des factures non parvenues (FNP) dans le journal des opérations diverses (OD).

Remarque : l'enregistrement des FNP se fait en TTC.

Prenons l'exemple d'une facture de téléphone de 100,00 € HT, qui concerne des consommations sur 2013, mais qui ne sera reçue que début 2014. Dans la préparation du bilan, on « rattache » cette prestation à l'exercice 2013 par une écriture de factures non parvenues (FNP).

JOURNAL : OD (OPÉRATIONS DIVERSES)				
Date	**Compte**	**Libellé**	**Débit**	**Crédit**
		FNP Téléphone 12/2013		
31/12/2013	626	Frais postaux et de télécommunications	100,00	
31/12/2013	4458	TVA à régulariser	19,60	
31/12/2013	408	Fournisseurs, factures non parvenues		119,60

Dans cet exemple, a été utilisé le compte *408 – Fournisseurs, factures non parvenues* pour créditer le TTC de la facture non parvenue. S'il s'était agi d'un avoir non parvenu, c'est le compte *4098 – Rabais, remises, ristournes à obtenir et autres avoirs non encore reçus* qui aurait été utilisé. L'avoir non parvenu s'enregistre avec une écriture dont le sens est inversé par rapport à la facture non parvenue.

Remarque : comme il n'y a pas lieu de récupérer de la TVA déductible sur une facture qui n'a pas encore été reçue, la TVA de cette facture a été enregistrée dans le compte *4458 – TVA à régulariser,* dont nous verrons le fonctionnement au chapitre sur les « opérations avancées ».

D. Les factures à établir (FAE)

Il s'agit de prestations ou ventes réalisées par l'entreprise en 2013, dont les factures n'ont pas encore été faites ni enregistrées dans sa comptabilité en 2013. Il faut donc régulariser en « rajoutant » au bilan ces produits en rapport avec l'exercice en cours grâce à un enregistrement des factures à établir (FAE) dans le journal des opérations diverses (OD).

Remarque : l'enregistrement des FAE se fait en TTC.

Par exemple, on constate qu'une facture client de 5000 € HT (5980 € TTC) pour la vente de marchandises ne pourra être établie que l'année suivante. Dans la préparation du bilan, on « rattache » cette prestation de vente à l'exercice 2013 par une écriture de factures à établir (FAE).

JOURNAL : OD (OPÉRATIONS DIVERSES)				
Date	**Compte**	**Libellé**	**Débit**	**Crédit**
		Facture à établir		
31/12/2013	418	Clients, produits non encore facturés	5980,00	
31/12/2013	707	Vente de marchandises		5000,00
31/12/2013	4458	TVA à régulariser		980,00

S'il s'était agi d'un avoir à établir, le compte à utiliser aurait été le *4198 – Rabais, remises, ristournes à accorder et autres avoirs à établir,* et l'écriture aurait alors été passée de manière inversée par rapport à une FAE.

Cas pratique n° 12

Rattachement des charges et produits à l'exercice

Vous êtes en préparation du bilan 2013 et vous devez passer les écritures correspondant aux cas suivants :

1. **CCA** (charges constatées d'avance). Le 16 septembre 2013, vous avez enregistré une facture de 6000 € HT (la TVA est

de 1176 €) de votre prestataire informatique. Elle concerne une maintenance informatique (compte *615 – Entretien et réparations*) qui s'étale sur 2013 et 2014 : du 1er octobre 2013 au 30 septembre 2014,

2. **PCA** (produits constatés d'avance). Le 26 décembre 2013, vous avez envoyé une facture de prestations de services (compte *706 – Prestations de service*), pour 10000 € HT (avec 1960 € de TVA) à un client. Vous avez enregistré la facture, mais les prestations s'y rapportant ne seront effectivement réalisées qu'en 2014.
3. **FNP** (factures non parvenues). Vous ne recevrez qu'en 2014 une facture de téléphone pour 200 € HT (la TVA est à 19,60 %), laquelle correspond à des consommations de décembre 2013. Vous utiliserez le compte *626 – Frais postaux et de télécommunications.*
4. **FAE** (factures à établir). En 2013, vous avez omis d'envoyer à un client une facture de vente de marchandises d'un montant de 4000 € HT (TVA à 19,60 %), que vous ne pourrez établir qu'en 2014. Utilisez le compte *707 – Ventes de marchandises.*

Voir le corrigé page 188.

4. Les provisions pour risques et charges, les dotations pour dépréciation de valeurs d'actif

A. À quoi servent ces dotations et provisions ?

Les provisions pour risques et charges tout comme les dotations pour dépréciation de valeurs d'actif consistent à constater des pertes probables, mais qui ne sont pas encore évaluées de manière définitive.

En comptabilité, le principe de prudence oblige à constater au bilan des moins-values probables, mais ne permet pas, par contre, de constater des plus-values latentes.

Par exemple, l'entreprise va évaluer la somme qu'elle devra probablement payer pour un litige aux prud'hommes dont l'issue n'est pas encore connue à la fin de l'exercice : elle la constatera par une provision pour risques et charges à son bilan. Autre exemple : elle sait qu'une partie de son stock risque de ne plus se vendre l'an prochain, car il est techniquement obsolète, elle va donc évaluer cette dépréciation et porter à son bilan une dotation pour dépréciation de valeurs d'actif.

Par contre, même si elle estime qu'un stock de marchandises a de grandes chances de bien se vendre l'an prochain du fait de circonstances liées à l'environnement (mode, pénurie...), il lui est interdit d'évaluer ce stock, dans son bilan, à son prix de vente présumé, tant qu'il n'est pas vendu.

Il s'agit donc, pour la préparation du bilan, de constater uniquement des pertes que l'on estime probables mais qui ne sont pas encore avérées à la fin de l'exercice comptable.

Rajoutons que les provisions pour risques et charges et les dotations pour dépréciation ne relèvent pas de l'activité normale de l'entreprise, mais plutôt d'événements exceptionnels.

En revanche, si la perte est déjà connue au cours de l'exercice (un litige clos par un jugement définitif, par exemple), il faut enregistrer la perte : il n'y a pas lieu de laisser en provision une perte qui est déjà avérée.

Il faut toujours traiter ces provisions et ces dotations avec soin :

- d'une part parce que l'exercice consistant à évaluer des pertes qui ne seront connues que dans le futur est difficile (comment savoir si, dans un an, un client va être en mesure d'honorer tout ou partie de ses factures impayées ?) ;
- d'autre part, les provisions étant enregistrées en charges puisque ce sont des pertes potentielles, ces charges vont diminuer le

résultat et donc l'impôt; ces provisions peuvent alors susciter une observation particulière de la part des services fiscaux.

Il est donc important d'imputer les provisions en fonction de critères rigoureux et vérifiables et, même si le montant définitif des pertes probables est par nature inconnu, il est indispensable d'en faire une estimation aussi précise que possible. Imaginons l'exemple d'un litige en cours de procès : on connaît la somme globale réclamée par la partie adverse, mais, comme l'avocat qui conseille l'entreprise estime qu'une grande partie des griefs est infondée, on va pouvoir provisionner le risque de perdre à hauteur de 50 % seulement, par exemple. C'est généralement le chef d'entreprise qui valide les provisions pour risques et les dépréciations de l'actif.

Voyons maintenant en détail comment on enregistre comptablement ces risques et ces dépréciations.

B. Les provisions pour dépréciations des actifs

Il arrive que certains postes de l'actif risquent d'être dévalorisés du fait d'événements particuliers :

- Quand les immobilisations encourent un risque de dépréciation (un terrain dévalué du fait d'un marché de l'immobilier difficile) ; on utilise alors le compte *29 – Dépréciations des immobilisations.*
- Quand le stock encourt un risque de dépréciation (une partie du stock est abîmée) ; on utilise alors le compte *39 – Dépréciations des stocks et en-cours.*
- Quand certains comptes de tiers sont supposé occasionner une perte (retards de paiement de certains clients dont la solvabilité douteuse est connue) ; on utilise alors le compte *49 – Dépréciations des comptes de tiers.*
- Quand certains comptes de trésorerie risquent de subir une dépréciation (portefeuille d'actions dévalué du fait de la crise économique) ; on utilise alors le compte *59 – Dépréciations des comptes financiers.*

Concernant la dépréciation des comptes clients pour risques d'impayés, l'entreprise peut examiner au cas par cas quels comptes présentent des risques. Toutefois, le mieux est que l'évaluation repose sur des règles que l'entreprise aura préalablement choisies et auxquelles elle se conformera d'année en année. Elle peut avoir décidé, par exemple, de provisionner à 100 % les sommes impayées des clients en liquidation judiciaire, à 50 % les sommes que les clients n'ont pas payées après une injonction de payer à 25 % celles des clients ayant un retard de paiement de 6 mois malgré 6 relances…

L'important est de fixer des règles d'évaluation et, surtout, de ne pas y déroger d'une année à l'autre, en vertu du principe comptable de permanence des méthodes. Sinon, changer les règles pour modifier le résultat à sa convenance pourrait aussi engendrer un « risque » difficile à monnayer auprès des services fiscaux.

Les dépréciations sur les comptes clients s'enregistrent en hors taxes : même s'il est sûr que certaines factures demeureront définitivement impayées, on a la possibilité d'en récupérer la TVA, conformément aux dispositions fiscales. Les dépréciations sur les immobilisations et les stocks se font aussi en hors taxes.

Voici l'écriture pour une créance client de 3 000 € HT, estimée douteuse et constituant un risque à 50 %.

JOURNAL : OD (opérations diverses)				
Date	**Compte**	**Libellé**	**Débit**	**Crédit**
		Impayé client X		
31/12/2013	681	Dotations aux amortissements, dépréciations et provisions	1 500,00	
31/12/2013	491	Dépréciations des comptes clients		1 500,00

Remarque : le compte 681 est utilisé à la fois pour les dotations aux amortissements (que nous avons déjà vues) et pour les dotations aux dépréciations ou aux provisions. En réalité, ce compte se décompose en sous-comptes qui différencient chaque destination – amortissements, dépréciations, provisions… –, mais ici il nous a paru souhaitable de simplifier en utilisant ce seul compte général.

Les dotations aux dépréciations et aux provisions, tout comme les dotations aux amortissements, sont des charges – au même titre que les achats de marchandises, les factures de prestations, les charges de personnels… que l'entreprise aura à payer tôt ou tard. La différence est que les dotations représentent des charges dont on ne connaît pas le montant exact à payer et qu'elles n'ont pas un impact direct sur la trésorerie. On peut donc considérer les dotations comme de l'argent mis de côté en prévision de… Et parfois la provision ne donne lieu à aucune charge dans le futur (exemples : l'entreprise gagne aux Prud'hommes, le portefeuille d'actions voit son évaluation repartir à la hausse…).

Imaginons maintenant que l'on prépare le bilan 2014, quel sort va-t-on donner aux dotations pour dépréciation passées en 2013. Trois situations sont possibles :

1. Si le risque s'accroît, on va augmenter la dotation.
2. Si le client paye partiellement ou si le risque diminue, on va diminuer la dotation.
3. Si la perte est définitive, on va reprendre la dotation et constater la perte.

1. Le risque s'accroît

Si on reprend l'exemple précédent et que le risque s'accroît sur la créance de 3 000 €, on décide d'augmenter la provision en passant un complément de dotation de 500 €.

JOURNAL : OD (opérations diverses)				
Date	**Compte**	**Libellé**	**Débit**	**Crédit**
		Complément dotation client X		
31/12/2014	681	Dotations aux amortissements, dépréciations et provisions	500,00	
31/12/2014	491	Dépréciations des comptes clients		500,00

2. Le risque diminue ou le client paye

Finalement le client paye, partiellement ou totalement, ce qui veut dire que le risque est devenu moindre ou nul. On reprend alors, partiellement ou totalement, la dotation. Pour reprendre une dotation, on utilise le compte *781 – Reprises sur amortissements, dépréciations et provisions* (et non le compte 681).

JOURNAL : OD (opérations diverses)				
Date	**Compte**	**Libellé**	**Débit**	**Crédit**
31/12/2014	491	Dépréciations des comptes clients	500,00	
31/12/2014	781	Reprises sur amortissements, dépréciations et provisions		500,00

3. La perte est définitive

On apprend que finalement le client ne paiera jamais et l'impayé est irrémédiablement perdu : on va constater la perte avec le compte *654 – Perte sur créances irrécouvrables*, car elle n'a pas plus lieu d'être, et on constate la perte dans le compte *411 – Clients*.

JOURNAL : OD (opérations diverses)				
Date	**Compte**	**Libellé**	**Débit**	**Crédit**
31/12/2014	654	Perte sur créances irrécouvrables	3 000,00	
31/12/2014	411	Clients		3 000,00

C. Les provisions pour risques et charges

Les provisions pour risques et charges fonctionnent comme les dépréciations des éléments de l'actif, sauf qu'elles prennent en compte une perte probable au profit de tiers, et non en fonction de dépréciations sur les actifs.

Il peut s'agir, par exemple, de remboursements à effectuer dans le cadre d'une garantie clients : une entreprise a vendu 10 000 ordinateurs en 2013, mais elle apprend de ses services techniques que 5 % des ordinateurs ont un défaut de fabrication. Ce défaut oblige l'entreprise à effectuer, dans le cadre de la garantie, des réparations dont la charge est estimée à 150 € par ordinateur défectueux. Elle estime à 75 000 € la charge probable à payer en 2014 pour 500 ordinateurs (5 % de 10 000), sachant que le coût de réparation à l'unité est de 150 € (500 x 150 €).

Pour préparer le bilan, on passe la provision pour risques dans le journal des opérations diverses ainsi.

JOURNAL : OD (opérations diverses)				
Date	**Compte**	**Libellé**	**Débit**	**Crédit**
		Provision réparations ordinateurs		
31/12/2013	681	Dotations aux provisions	75 000,00	
31/12/2013	151	Provisions pour risques		75 000,00

Quand la provision n'a plus lieu d'être, on l'annulera avec le compte *781 – Reprises sur amortissements, dépréciations et provisions.*

Cas pratique n° 13

Provisions pour risques

Pour la préparation du bilan 2013, vous devez passer des écritures correspondant à des provisions :

- une provision pour un risque d'impayé client : 10 000 € ;
- la reprise d'une provision pour un litige aux Prud'hommes estimé à 50 000 €.

Voir le corrigé page 189.

5. Les charges à payer, les produits à recevoir

Au cours de la préparation du bilan et toujours conformément au principe du rattachement des charges à l'exercice, il va falloir enregistrer certaines charges à payer et certains produits à recevoir. Beaucoup des dépenses et consommations enregistrées en cours d'année concernent l'exercice (fournitures, honoraires, frais postaux, entretien, services bancaires), mais certaines charges sont susceptibles de correspondre à une dépense « à cheval » sur deux années, tels les congés payés.

Pour passer une charge à payer, prenons l'exemple des congés payés (les salariés ont acquis au cours de 2013 un droit sur des congés à prendre en 2014), que l'entreprise va provisionner ainsi.

JOURNAL: OD (opérations diverses)				
Date	**Compte**	**Libellé**	**Débit**	**Crédit**
31/12/2013	6412	Congés payés	10 000,00	
31/12/2013	4282	Dettes provisionnées pour congés à payer		10 000,00
La provision concerne les congés à payer pour leur valeur brute. Afin que l'écriture soit complète, il faut aussi enregistrer les charges sociales sur les congés à payer.				
31/12/2013	645	Charges de Sécurité sociale	4 500,00	
31/12/2013	4382	Charges sociales sur congés à payer		4 500,00

N.B.: la provision pour congés payés inclura aussi, si nécessaire, les congés payés acquis en N–1 (2012) et non soldés en 2012.

S'il s'agit maintenant d'un produit à recevoir – par exemple, l'entreprise a reçu de l'État une notification d'attribution de subvention d'exploitation pour l'exercice 2013, mais la somme ne lui sera versée qu'en début 2014 –, elle passera l'écriture suivante pour préparer son bilan.

JOURNAL: OD (opérations diverses)				
Date	**Compte**	**Libellé**	**Débit**	**Crédit**
31/12/2013	4487	État - Produits à recevoir	5 000,00	
31/12/2013	74	Subventions d'exploitation		5 000,00

6. Les intérêts courus non échus

Les intérêts courus non échus sont des charges financières non encore enregistrées en comptabilité, mais qui concernent une partie de l'exercice dont on prépare le bilan, dont le décaissement n'interviendra qu'au cours de l'exercice suivant. Il est donc nécessaire de régulariser en « ajoutant » au bilan la part de ces intérêts qui sont en rapport avec l'exercice en cours par le biais d'un enregistrement des intérêts courus dans le journal des opérations diverses (OD).

Prenons l'exemple d'une société supportant tous les trimestres l'échéance d'un remboursement de prêt et qui clôt son exercice comptable au 31/12/2013. Sa prochaine échéance, qui sera prélevée le 31 janvier 2014, est de 9000 € et se décompose ainsi : 3000 € au titre des intérêts et 6000 € pour la partie correspondant au remboursement du capital.

Cette prochaine échéance n'est pas imputée sur 2013, mais deux mois (novembre et décembre) s'y rapportent : il faut enregistrer deux mois d'intérêts sur 2013 puisque ces charges financières concernent 2013. On passe alors une écriture à l'aide du compte *1688 – Intérêts courus* pour la somme correspondant à 2013, soit 2000 € (3000 x 2/3).

JOURNAL : OD (opérations diverses)				
Date	**Compte**	**Libellé**	**Débit**	**Crédit**
31/12/2013	661	Charges d'intérêts	2000,00	
31/12/2013	1688	Intérêts courus		2000,00

Remarque : les intérêts d'emprunt (assimilés à des agios et non à des frais bancaires) ainsi que la part de capital à rembourser ne supportent aucune TVA.

Concernant les intérêts pouvant impacter le compte courant bancaire de l'entreprise, deux autres cas peuvent, eux aussi, faire l'objet d'une régularisation au journal des OD s'ils se présentent :

- Si des agios sur découvert concernant 2013 ne sont prélevés qu'en 2014, on passera la même écriture que ci-dessus, mais en utilisant au crédit le compte *5181 – Intérêts courus à payer.*
- À l'inverse, si la banque doit rémunérer l'entreprise, en 2014, des intérêts qui concernent 2013, on débitera le compte *5182 – Intérêts courus à recevoir* et on créditera le compte *76 – Produits financiers.*

7. La balance de clôture

En bref, la balance est un document résumant tous les mouvements des comptes et présentant leur solde à la fin d'une période donnée. Ici, la période qui nous importe est la fin de l'exercice, mais on peut éditer une balance sur un compte, plusieurs ou tous, à n'importe quel moment de l'exercice comptable à des fins de vérification.

Dès lors que toutes les vérifications ont été faites et toutes les écritures de fin d'exercice passées, on va préparer le bilan et le compte de résultat à l'aide de la balance de clôture. Puisque toutes les écritures sont saisies aux journaux, que le grand-livre des écritures comptables est complété et terminé, on va éditer la balance de clôture, qui reprend les soldes de tous les comptes présents dans le bilan et le compte de résultat.

Le nombre de colonnes de la balance varie : une balance peut reprendre les soldes de début de période, les mouvements comptabilisés sur la période et les soldes en fin de période. Au minimum, on aura une balance sur 4 colonnes (n° de compte, solde au débit et solde au crédit), qui ne reprend que les soldes en fin de période et, au maximum, sur 8 colonnes comme ci-dessous.

Voici l'extrait d'une balance avec 8 colonnes.

Comptes		Soldes début		Mouvements période		Soldes fin	
N°	Libellé	Débit	Crédit	Débit	Crédit	Débit	Crédit
512	Banque	5840		54875	53405	7310	

Pour établir les comptes annuels, seuls les numéros de comptes, les libellés et le solde final de tous ces comptes sont requis légalement.

Voici l'exemple d'une balance. Elle va nous permettre de préparer le bilan et le compte de résultat dans les pages qui suivent, p. 148-149 et 152.

BALANCE au 31/12/2013			
Comptes		Soldes	
N°	Libellé	Débit	Crédit
101	Capital		10000
16	Emprunts		1845
2182	Matériel de transport	5600	
2183	Matériel informatique	954	
281	Amortissements des immobilisations		2182
37	Stocks de marchandises	8448	
401	Fournisseurs		5999
411	Clients	11142	
431	Sécurité sociale		5877
437	Caisses de retraite		2111
512	Banque	7038	
53	Caisse	562	
6037	Variation stocks marchandises	5448	
607	Achats de marchandises	149175	
613	Locations	14400	
614	Charges Locatives	960	
615	Entretien et réparations	2121	
616	Primes d'assurances	1500	
622	Honoraires	2800	
625	Déplacements, réceptions	955	
626	Frais postaux et de téléphone	2648	
627	Services bancaires	501	
641	Rémunération du personnel	124223	
6451	Charges de sécurité sociale	61978	
6453	Cotisations caisses de retraite	25899	
66	Charges financières	100	
681	Dotations aux amortissements	744	
707	Ventes de Marchandises		399030
76	Produits financiers		152
	Total	**427196**	**427196**

8. Le bilan

Le bilan est un document comptable normalisé élaboré à partir des soldes de la balance de clôture. Il reprend uniquement les comptes de bilan, c'est-à-dire les comptes de classe 1, 2, 3, 4, et 5. Ce document annuel de synthèse reflète le patrimoine de l'entreprise, l'ensemble de ses créances et de ses dettes. Il se présente en deux parties, l'actif et le passif, dont voici les définitions selon le Plan comptable général :

- « *Un actif est un élément identifiable du patrimoine ayant une valeur économique positive pour l'entité, c'est-à-dire un élément générant une ressource que l'entité contrôle du fait d'événements passés et dont elle attend des avantages économiques futurs.* » (Règlement n° 2004-06 du CRC). » On peut effectivement dire que les éléments de l'actif sont des ressources puisque :
  - les immobilisations et les stocks participent à la production de l'entreprise, et donc à ses ventes ;
  - les comptes clients, de par les paiements de ces clients, alimentent sa trésorerie ;
  - le compte bancaire de l'entreprise lui permet de réaliser ses achats, etc.
- « *Un passif est un élément du patrimoine ayant une valeur économique négative pour l'entité, c'est-à-dire une obligation de l'entité à l'égard d'un tiers dont il est probable ou certain qu'elle provoquera une sortie de ressources au bénéfice de ce tiers* ». (Règlements n° 2000-06 et n° 2005-9 du CRC).

Le passif est bien constitué d'obligations envers des tiers extérieurs à l'entreprise puisque :

- le capital est détenu par les actionnaires qui, de ce fait, exercent un contrôle sur l'entreprise ;
- les emprunts de l'entreprise de même que ses éventuels découverts bancaires représentent bien des dettes à rembourser à un tiers, sa banque ;

– les autres comptes de tiers – fournisseurs, salaires à payer, charges sociales… – figurent également au titre de ses dettes, etc.

À partir de la balance p. 146, on élabore un bilan annuel normalisé.

BILAN - ACTIF						
Désignation de l'entreprise : Pasapas						
		Exercice clos le : 31/12/2013				
		Brut		**Amortissements, provisions**		**Net**
ACTIF IMMOBILISÉ	Frais d'établissement	AB		AC		
	Frais de recherche et de développement	AD		AE		
	Concession, brevets et droits similaires	AF		AG		
	Fonds commercial	AH		AI		
	Autres immobilisations incorporelles	AJ		AK		
	Terrains	AN		AO		
	Constructions	AP		AQ		
	Installations techniques, matériels et outillage	AR		AS		
	Autres immobilisations corporelles	AT	6554	AU	2182	4372
	Immobilisations en cours	AV		AW		
	Créances rattachées à des participations	BB		BC		
	Prêts	BF		BG		
TOTAL (I)		BJ	**6554**	BK	**2182**	**4372**
ACTIF CIRCULANT	Matières premières, approvisionnements	BL		BM		
	En cours de production de biens	BN		BO		
	En cours de production de services	BP		BQ		
	Produits intermédiaires et finis	BR		BS		
	Stock Marchandises	BT	8448	BU		
	Avances et acomptes versés	BV		BW		
	Clients et comptes rattachés	BX	11142	BY		
	Autres créances	BZ		CA		
	Capital souscrit et appelé, non versé	CB		CC		
	Valeurs mobilières de placement	CD		CE		
	Disponibilités	CF	7600	CG		
TOTAL (II)		CJ	**27190**	CK		**27190**
TOTAL GÉNÉRAL (I à II)		**CO**	**33744**	**1A**	**2182**	**31562**

BILAN - PASSIF		
Capital social ou individuel	DA	10000
Primes d'émission, de fusion, d'apports...	DB	
Écarts de réévaluation	DC	
Réserve légale	DD	
Réserves statutaires ou contractuelles	DE	
Réserves réglementées	DF	
Autres réserves	DG	
Report à nouveau	DH	
RÉSULTAT DE L'EXERCICE (bénéfice ou perte)	DI	**5730**
Subvention d'investissement	DJ	
Provisions réglementées	DK	
TOTAL (I)	DL	**15730**
Produits des émissions de titres participatifs	DM	
Avances conditionnées	DN	
TOTAL (II)	DO	**0**
Provisions pour risques	DP	
Provisions pour charges	DQ	
TOTAL (III)	DR	**0**
Emprunts obligataires convertibles	DS	
Autres emprunts obligataires	DT	
Emprunts et dettes auprès des établissements de crédit	DU	1845
Emprunts et dettes financières diverses	DV	
Avances et acomptes reçus sur commandes en cours	DW	
Dettes fournisseurs et comptes rattachés	DX	5999
Dettes fiscales et sociales dont IS	DY	7988
Dettes sur immobilisations et comptes rattachés	DZ	
Autres dettes	EA	
Produits constatés d'avance	EB	
TOTAL (IV)	EC	**15832**
Écarts de conversion passif (V)	ED	
TOTAL GÉNÉRAL (I à V)	EE	**31562**

Si vous comparez ce bilan à la balance p. 146, vous remarquerez, avant que nous ne rentrions dans le détail, que :

- n'apparaissent bien dans le bilan que les comptes de classe 1, 2, 3, 4, et 5 (les autres seront utilisés pour le compte de résultat) ;
- les libellés du bilan diffèrent de ceux de la balance et obligent parfois à regrouper certains comptes de la même classe qui sont comptabilisés ensemble ;
- si le solde d'un compte est au débit dans la balance, il sera comptabilisé à l'actif du bilan, celui au crédit de la balance le sera au passif ;
- le passif comporte moins de colonnes puisque les amortissements ne peuvent concerner que les immobilisations, qui sont des ressources et sont donc automatiquement placées en diminution de l'actif ;
- le total général de l'actif et celui du passif sont identiques.

Si l'on rentre maintenant dans le détail de l'**actif**, on voit que :

- à la rubrique AT (dans la colonne Brut), Immobilisations corporelles, apparaissent 6554 €, montant qui correspond à la somme des soldes des comptes *2182 – Matériel de transport* et *2183 – Matériel informatique.* de la balance ;
- juste à côté, à la rubrique AU (dans la colonne Amortissements, provisions), apparaissent les dotations aux amortissements correspondant à ces immobilisations corporelles et au compte *281 Amortissement des immobilisations* de la balance, pour 2182 €.
- par déduction (Brut – Amortissements), le net est de +4372 € ;
- à la rubrique CF, Disponibilités, apparaît 7600 €, montant qui correspond à la somme des soldes des comptes *512 – Banque* et *53 – Caisse* de la balance.

Si l'on rentre maintenant dans le détail du **passif**, on voit que :

- à la rubrique DY, Dettes fiscales et sociales dont IS, le montant de 7988 € correspond à la somme des soldes des comptes *431 – Sécurité sociale* et *437 Caisses de retraite* de la balance ;

– à la rubrique DI, Résultat de l'exercice (bénéfice ou perte), apparaît 5730 €. Ce montant représente la différence calculée entre le total de l'actif (33744 €) et le total du passif (31562 €). Le résultat équilibre l'actif et le passif, ici le résultat représente un bénéfice.

9. Le compte de résultat

Le compte de résultat, établi à partir des soldes de la balance de clôture, est la synthèse de :

– toutes les charges de l'année – les comptes de classe 6 – qui contribuent à diminuer le bénéfice de l'exercice ;
– tous les produits de l'année – les comptes de classe 7 – qui participent au bénéfice de l'exercice.

Page suivante, voici le compte de résultat normalisé de notre entreprise pour 2013, établi à partir de la balance p. 146. Là aussi, les libellés du compte de résultat diffèrent de ceux de la balance et obligent parfois à regrouper certains comptes de la même classe qui sont comptabilisés ensemble.

Dans le détail, voici comment ont été reportés les montants de la balance vers le compte de résultat :

- **Dans les produits d'exploitation**, à la rubrique FC, Ventes de marchandises, on retrouve le solde créditeur du compte *707 – Ventes de marchandises* pour 399030 €.
- **Dans les charges d'exploitation**, on va retrouver :
  – à la rubrique FS, Achats de marchandises, le solde débiteur du compte 607 du même nom ;
  – à la rubrique FT, Variation de stocks, le solde débiteur du compte 6037 ;
  – à la rubrique FW, Autres achats et charges externes, regroupés pour un montant de 25885 € les soldes débiteurs des comptes *613 – Locations, 614 – Charges locatives, 615 – Entretien et réparations, 616 – Primes d'assurances, 622 – Honoraires, 625*

– Déplacements, réceptions, 626 *– Frais postaux et de téléphone* et 627 *– Services bancaires.*

COMPTE DE RÉSULTAT							
Désignation de l'entreprise : Pasapas							
	France		**Exportations**				**Total**
Ventes de marchandises	FA	399030			FC		399030
Production vendue biens	FD				FF		
services	FG				FI		
Chiffre d'affaires net	FJ				FL		
Production stockée					FM		
Production immobilisée					FN		
Subvention d'exploitation					FO		
Total des produits d'exploitation (I)					FR		**399030**
Achats de marchandises (y compris droits de douane)					FS		149175
Variation de stock (marchandises)					FT		5448
Achats de matières premières et autres approvisionnements					FU		
Variation de stock					FV		
Autres achats et charges externes					FW		25885
Impôts, taxes, versements assimilés					FX		
Salaires et traitements					FY		124223
Charges sociales					FZ		87877
– dotations aux amortissements					GA		744
– dotations aux provisions					GB		
Total des charges d'exploitation (II)					GF		**393352**
1 - RÉSULTAT D'EXPLOITATION (I – II)					GG		5678
Produits financiers de participations					GJ		
Produits des autres valeurs mobilières et créances de l'actif					GK		152
Total des produits financiers (V)					GP		**152**
Dotations financières aux amortissements et provisions					GQ		
Intérêts et charges assimilées					GR		100
Total charges financières (VI)					GU		**100**
2 - RÉSULTAT FINANCIER (V – VI)					GV		**52**
3 - RÉSULTAT AVANT IMPÔTS (I – II + III – IV + V – VI)					GW		**5730**

- à la rubrique FY, Salaires et traitements, le solde débiteur du compte *641 – Rémunération du personnel* ;
- à la rubrique FZ, Charges sociales, regroupés pour un montant de 87 877 €, les soldes débiteurs des comptes *6451 – Charges de Sécurité sociale* et *6453 – Cotisations caisse de retraite* ;
- à la rubrique GA, Dotations aux amortissements, le solde débiteur du compte 681 du même nom.

- **Au résultat d'exploitation**, se trouve la différence entre le total des produits et des charges d'exploitation, soit 5 678 € (399 030 – 393 352).
- **Dans les produits financiers et charges financières**, aux rubriques GK et GR, on a respectivement les soldes créditeur et débiteur des comptes *76 – Produits financiers* et *66 – Charges financières*, la différence se retrouvant dans le **résultat financier** pour 52 €.
- Le **résultat avant impôt**, pour un montant 5 730 €, représente un bénéfice ; notez qu'il est **identique au montant trouvé au bilan** (ce qui conforte la justesse de nos calculs).

N.B. : ce compte de résultat simplifié a privilégié l'explication au détail, c'est la raison pour laquelle il n'y figure pas les points III (résultat courant avant impôts) et IV (résultat exceptionnel).

10. L'ANNEXE

Selon le Plan comptable général, « *L'annexe complète et commente l'information donnée par le bilan et le compte de résultat. L'annexe comporte toutes les informations d'importance significative destinées à compléter et à commenter celles données par le bilan et par le compte de résultat.* »

Le bilan, le compte de résultat et l'annexe constituent la liasse fiscale, l'annexe fournissant des indications venant en complément des comptes annuels. Voici en exemple ce que pourrait être l'annexe aux comptes annuels 2013, qui compléterait le bilan et le compte de résultat des pages précédentes.

ANNEXE AU BILAN ET AU COMPTE DE RÉSULTAT 2013

Indications générales :

- le bilan et le compte de résultat correspondent à l'exercice comptable 2013, arrêté au 31 décembre 2013 (durée de 12 mois : du 01/01/2013 au 31/12/2013) ;
- les comptes sont établis en euros ;
- le total du bilan s'élève à 31 562 € ;
- le résultat de l'exercice est un bénéfice de 5 730 €.

Immobilisations :

Les dotations aux amortissements ont été effectuées selon les méthodes suivantes :

- matériel informatique : amortissement linéaire (3 ans) ;
- véhicules : amortissement linéaire (5 ans).

Informations complémentaires :

La société a fait l'objet d'un changement d'actionnaires le 22 mai 2013. Le principal actionnaire de la société Pasapas est désormais la SARL Franquet.

11. La clôture de l'exercice et l'ouverture du nouvel exercice

Dès lors que les travaux de bilan sont complètement achevés, il faut clôturer l'exercice. On veillera à :

- imprimer les documents comptables, afin de les archiver (journaux, grand-livre, balance…) ;
- sauvegarder les données du logiciel comptable.

La clôture d'un exercice N, sur le logiciel comptable, est indispensable pour démarrer un nouvel exercice comptable (N+1). La clôture rend alors impossible la saisie de nouvelles écritures sur l'exercice N qui vient de se terminer. Le logiciel comptable générera les écritures des « à nouveaux », ce qui signifie que, pour un exercice prenant fin au 31 décembre de l'année N :

- tous les soldes des comptes de bilan (capital, immobilisations, stocks, clients, fournisseurs, banque, caisse, etc.) seront reportés à l'identique au 1er janvier N+1 ;
- par conséquent, la balance de clôture est identique à la balance d'ouverture (c'est aussi un principe comptable obligatoire) ;
- les comptes de résultat (charges et produits) ne sont pas reportés, mais mis « à zéro », afin de déterminer le résultat de l'exercice N+1 ;
- les écritures sont générées dans un journal d'opérations diverses, le journal des « à nouveaux ».

Il est désormais possible de travailler sur le nouvel exercice…

11. Opérations avancées

Jusqu'ici, vous avez étudié les opérations courantes et celles menant jusqu'au bilan et au compte de résultat ; ce qui vous a permis d'acquérir les bases comptables. Avec les opérations avancées, vous franchissez une étape technique avec des opérations plus spécifiques, mais qui au final nécessitent les mêmes bases comptables que vous maîtrisez désormais.

1. Les emballages

Si l'entreprise reçoit une facture d'un de ses fournisseurs où figurent des emballages consignés, ces derniers seront comptabilisés au débit du compte *4096 – Fournisseurs, créances pour emballages*. Comme exemple voici une facture d'achat à enregistrer.

Fournisseur France Pommes

Facture du *2 mai 2013*

100 kg de pommes

Prix HT = *100,00 €*

TVA 5,5 % = *5,50 €*

Emballages consignés : 20 €

TTC = *125,50 €*

Voici l'écriture que l'entreprise va passer.

JOURNAL : ACHATS				
Date	**Compte**	**Libellé**	**Débit**	**Crédit**
02/05/2013	607	Achat de marchandises	100,00	
02/05/2013	44566	TVA déductible sur ABS	5,50	
02/05/2013	4096	Fournisseurs – Créances pour emballages	20,00	
02/05/2013	401	Fournisseurs		100,00

Le prix des emballages, porté au débit du compte 4096 – Fournisseurs, créances pour emballages, devra être remboursé par le fournisseur quand l'entreprise lui aura rendu les emballages.

Les emballages consignés sont enregistrés ici TTC : on ne fait pas figurer la TVA, car la consigne n'est pas l'objet de la transaction.

Du côté du fournisseur, l'enregistrement de la facture de vente se fait ainsi.

JOURNAL : VENTES				
Date	**Compte**	**Libellé**	**Débit**	**Crédit**
02/05/2013	411	Clients	125,50	
02/05/2013	707	Vente marchandises		100,00
02/05/2013	4457	TVA collectée		5,50
02/05/2013	4196	Clients - Dettes sur emballages		20,00

Retournons à la comptabilité de l'entreprise qui va maintenant enregistrer l'avoir que lui aura adressé son fournisseur auquel les emballages consignés ont été rendus.

Date	Compte	Libellé	Débit	Crédit
22/05/2013	401	Fournisseurs	20,00	
22/05/2013	4096	Fournisseurs – Créances pour emballages		20,00

Le compte 4096 est soldé par l'avoir correspondant aux emballages rendus. Plutôt que de faire un avoir uniquement pour ces emballages, le fournisseur aurait tout aussi bien pu constater le retour des emballages par une déduction sur une autre facture de marchandises.

Du côté du fournisseur, voici comment il enregistre l'avoir constatant le retour des emballages consignés.

Date	Compte	Libellé	Débit	Crédit
22/05/2013	4196	Clients – Dettes sur emballages	20,00	
22/05/2013	411	Clients		20,00

En revanche, si l'entreprise ne rend pas ces emballages consignés, le fournisseur va les lui refacturer et elle devra enregistrer cette facture ainsi.

Date	Compte	Libellé	Débit	Crédit
22/05/2013	6026	Emballages	8,36	
22/05/2013	44566	TVA déductible sur ABS	1,64	
22/05/2013	4096	Fournisseurs – Créances pour emballages		10,00
Quand les emballages sont refacturés, quelle qu'en soit la raison (achat ou perte), la TVA est décomptée car la consigne est bien ici l'objet de la transaction.				

Si maintenant l'entreprise rend les emballages, mais que ceux-ci ont perdu de leur valeur – par exemple, parce qu'ils ont été abîmés –, voici comment elle enregistrera la facture d'emballages consignés sur laquelle le fournisseur a décompté la partie des emballages consignés non abîmés.

Date	Compte	Libellé	Débit	Crédit
22/05/2013	6136	Malis sur emballages	16,72	
22/05/2013	44566	TVA déductible sur ABS	3,28	
22/05/2013	4096	Fournisseurs – Créances pour emballages		20,00

Du côté du fournisseur, voici comment il enregistre la facture qu'il a envoyée à l'entreprise pour les emballages consignés non rendus ou rendus abîmés.

Date	Compte	Libellé	Débit	Crédit
22/05/2013	4196	Clients - Dettes sur emballages	10,00	
22/05/2013	708	Produits des activités annexes		8,36
22/05/2013	44571	TVA collectée		1,64

2. Les frais accessoires

Sur une facture, outre le coût de la transaction principale, peuvent être indiqués des frais accessoires, comme :

- des frais de livraison, de transport ;
- la rémunération d'intermédiaires (courtage, commissions de passage en douane…) ;
- une assurance ;
- des frais d'installation, etc.

Il existe plusieurs méthodes pour enregistrer ces frais accessoires, selon qu'il s'agit d'une facture relative à des achats d'immobilisations ou à des achats autres que des immobilisations, ou d'une facture de vente.

A. Les frais accessoires aux immobilisations

Les frais accessoires aux immobilisations sont rattachés aux immobilisations auxquelles ils sont liés :

- Si l'entreprise achète du mobilier pour 10 000 € HT et qu'il y a 100 HT € en plus pour les frais de livraison, elle enregistrera 10 100 € HT au débit du compte *2184 – Mobilier.*
- Si elle achète un véhicule pour 5 000 € HT auxquels se rajoutent 150 € HT de frais d'immatriculation, elle incorporera là aussi ces frais à l'immobilisation et débitera, dans ce cas, le compte *2182 – Matériel de transport*. En revanche, si la facture mentionne un plein de carburant, elle ne peut pas rattacher son montant à l'immobilisation, car les consommables ne sont pas immobilisables : elle imputera le montant de ce plein au débit du compte *6061 – Fournitures non stockables (eau, énergie, carburant).*
- Sur le même principe, si elle achète une imprimante pour 1 000,00 €, elle rattachera à l'immobilisation les frais de livraison ou d'installation. Par contre, elle ne pourra pas y incorporer les éventuels consommables facturés en plus, telles les ramettes de papier, les cartouches d'encre… : ces derniers seront inscrits au débit du compte *6064 – Fournitures administratives.*

B. Les frais accessoires aux achats (autres qu'immobilisations)

Les achats de marchandises et les achats de matières premières font partie de cette catégorie, et peuvent également supporter des frais accessoires directement liés à la transaction principale. Il existe trois possibilités d'enregistrer ces frais accessoires, mais si l'entreprise choisit l'une d'elles – selon le degré de précision qu'elle souhaite –, elle devra garder la même méthode pour tous ses achats de marchandises :

1. On débite le compte *607 – Achats de marchandises* du montant des marchandises uniquement et on débite le compte correspondant à la nature précise des frais annexes : compte *6241 – Transports sur achats pour les frais de transports accessoires liés aux achats de marchandises, 616 – Primes d'assurances* et *622 – Rémunérations d'intermédiaires et honoraires, pour les commissions et honoraires divers liés à la vente.*
2. On choisit d'intégrer directement ces frais accessoires à l'achat de marchandises et on débite le compte *607 – Achats de marchandises* de la totalité de la facture.
3. On débite le compte *607 – Achats de marchandises* du montant des marchandises uniquement et on débite le compte *608 – Frais accessoires d'achats* du montant des frais accessoires.

Remarque : La méthode choisie dépend de l'organisation de l'entreprise. Si elle désire suivre attentivement l'évolution de ses coûts, elle optera pour la première méthode, la plus détaillée. La seconde méthode est plus simple, mais ne fait aucune distinction entre les coûts. La dernière méthode peut être un compromis entre les deux précédentes.

C. Les frais accessoires refacturés sur les ventes

Quand l'entreprise facture des frais accessoires sur ses ventes, notamment des frais de port, elle utilisera le compte *7085 – Ports et frais accessoires facturés* pour enregistrer ces frais. Elle peut néanmoins choisir de n'utiliser que le compte *707 – Ventes de marchandises.*

3. Les opérations en devises

Quand une entreprise française effectue des transactions avec des entreprises qui sont situées en dehors de la zone euro, il arrive que les factures d'achats ou de ventes soient établies dans une devise différente de l'euro. Que les factures soient libellées en dollars, yens, livres…, il en résulte une variation de change. En effet, entre la date d'émission de la facture et son encaissement, les cours des monnaies auront varié.

Prenons l'hypothèse où notre entreprise est le client français d'un exportateur étranger, qui lui facture le 1er mai un achat de marchandises pour un montant de 10000,00 $. Supposons qu'à la date d'achat la parité soit de 1,30 $ pour 1 €: la valeur de la facture exprimée en euros est donc de 7692,31 € (10000/1,30). C'est pour ce montant que l'entreprise comptabilise cette facture puisqu'elle est en France et que sa comptabilité est tenue en euros.

Notre entreprise doit maintenant régler cette facture le 1er juin par un virement de 10000 $, en dollars puisque c'est la devise de la facture, mais la parité est maintenant de 1,25 $ pour 1 €. Le règlement de 10000 $ coûte donc en réalité à l'entreprise 8000,00 € (10000/1,25). Cette évolution de la parité lui est donc défavorable, et la perte de change s'élève à 307,69 € (7692,31 – 8000 = – 307,69).

Notre entreprise française va donc enregistrer son paiement en tenant compte de cette différence de change: c'est le compte *666 – Pertes de change* qui équilibre l'écriture.

JOURNAL: BANQUE				
Date	**Compte**	**Libellé**	**Débit**	**Crédit**
22/05/2013	401	Fournisseurs	7692,31	
22/05/2013	512	Banque		8000,00
22/05/2013	666	Pertes de change	307,69	

Si notre entreprise avait été le fournisseur au lieu de l'acheteur, elle aurait été soumise aux mêmes aléas de risque de change, mais aurait alors fait un gain. Sur le même principe que précédemment, elle aurait utilisé cette fois-ci le compte *766 – Gains de change*. Les valeurs, complètement fictives, sont données à indicatif.

22/05/2013	512	Banque	7500,00	
22/05/2013	766	Gains de change		500,00
22/05/2013	411	Clients		7000,00

4. Les subventions

Les subventions dont bénéficient les entreprises (ou les associations) sont des sommes allouées par des entités publiques, comme par exemple : la commune, le département, la région, l'État, l'Union européenne… Les subventions peuvent également être attribuées par des fonds privés, telles des aides octroyées par des fondations dans le cadre de mécénats ou pour des projets précis.

Il existe trois formes de subventions fondamentalement différentes :

1. La subvention d'exploitation.
2. La subvention d'investissement.
3. La subvention d'équilibre.

A. La subvention d'exploitation

La subvention d'exploitation, ou subvention de fonctionnement, est allouée afin de soutenir l'entreprise dans son activité : par exemple, pour l'aider à maintenir l'emploi, soutenir sa trésorerie, réduire ses pertes, faire face à ses dépenses…

Ces subventions d'exploitation sont des produits qui contribuent à augmenter le résultat et donc le bénéfice, s'il y en a un à la fin de l'exercice. Ces subventions venant augmenter le résultat, l'impôt sur le bénéfice s'y applique indirectement par le biais du résultat imposable.

L'enregistrement du versement d'une subvention d'exploitation est très simple, à l'aide du compte *74 – Subventions d'exploitation.*

Date	Compte	Libellé	Débit	Crédit
Versement subvention départementale				
01/01/2013	512	Banque	10 000,00	
01/01/2013	74	Subventions d'exploitation		10 000,00

B. La subvention d'investissement

Les subventions d'investissements sont octroyées en contrepartie d'un engagement : un investissement sur un bien précis (machines-outils, véhicules…). Cet investissement constitue une immobilisation.

L'écriture de comptabilisation de la subvention d'investissement se déclinera sur plusieurs années avec en parallèle celle des dotations d'amortissement qui concernent l'investissement lui-même.

Au contraire des subventions d'exploitation, les subventions d'exploitation n'impactent pas le résultat de l'entreprise.

Voici d'abord l'écriture à passer lors du versement de la subvention d'investissement.

Date	Compte	Libellé	Débit	Crédit
Versement subvention départementale				
01/03/2013	512	Banque	50 000,00	
01/03/2013	13	Subventions d'investissement		50 000,00
Pour l'instant, il n'y a aucune écriture passée, en charges ou en produits : cette subvention n'impacte pas le résultat.				

La subvention d'investissement est liée à l'investissement réalisé pour une immobilisation, laquelle est soumise à amortissement. Ici, on suppose que l'investissement est amorti en linéaire, sur 5 ans. L'enregistrement de la première annuité d'amortissement se fait ainsi.

Date	Compte	Libellé	Débit	Crédit
31/12/2013	681	Dotations aux amortissements	10000,00	
31/12/2013	281	Amortissements des immobilisations corporelles		10000,00
À ce stade, la dotation aux amortissements génère une charge qui a un impact négatif sur le résultat. Toutefois, pour la même période, une quote-part de cette subvention sera versée au résultat : le montant de cette quote-part correspond au montant de la dotation annuelle aux amortissements.				
31/12/2013	13	Subventions d'investissement	10000,00	
31/12/2013	777	Quote-part des subventions d'investissement virée au résultat		10000,00
Le produit versé au résultat neutralise la charge de la dotation aux amortissements : le résultat n'est donc pas impacté par les subventions d'investissement, contrairement aux subventions d'exploitation. *Ces écritures seront passées à l'identique chaque année, jusqu'à l'amortissement complet de l'immobilisation et jusqu'à ce que les sommes inscrites au compte* 13 – Subventions d'investissement *soient nulles.*				

C. La subvention d'équilibre

Plus rare, la subvention d'équilibre est destinée à venir en aide à une exploitation déficitaire afin de la rendre équilibrée, ou pour en réduire les pertes. La subvention d'équilibre est une opération exceptionnelle qui s'inscrit au crédit du compte *7715 – Subventions d'équilibre.* Elle impacte le résultat.

5. Les cessions d'immobilisations

Il arrive que l'entreprise veuille se séparer d'une immobilisation avant la fin de sa période d'utilisation, pour la mettre au rebut ou la vendre.

Dans le cas de la vente d'une immobilisation, l'écriture de cession de cette immobilisation se fera en trois étapes qui consistent à :

1. Compléter la dotation ;
2. Enregistrer la cession ;
3. Sortir comptablement l'immobilisation.

Imaginons, pour l'exemple qui suit, que l'immobilisation cédée concerne du matériel informatique, qui avait été acheté 3 000 € HT et était amorti en linéaire, dont le prix de cession est de 1 794 € TTC (1 500 HT).

1. Complément de dotation

Quand une immobilisation est vendue, la date de la transaction est importante : l'entreprise étant censée avoir eu l'utilisation de l'immobilisation depuis le début de l'année jusqu'au jour de sa cession, elle devra comptabiliser un complément d'amortissement pour cette période.

JOURNAL : OPÉRATIONS DIVERSES (OD)				
Date	**Compte**	**Libellé**	**Débit**	**Crédit**
Complément d'amortissement - Matériels Informatiques				
30/06/2013	681	Dotations aux amortissements	500,00	
30/06/2013	281	Amortissements des immobilisations corporelles		500,00
Le complément d'amortissement se calcule au prorata temporis, conformément aux méthodes présentées au chapitre 10 p. 120. Ici, on suppose qu'il s'agit d'une dotation annuelle de 1 000 €, en linéaire, ramenée à 6 mois à la date de cession.				
En cas de mise au rebut, l'écriture est identique.				

2. Enregistrement de la cession

On utilise le compte *775 – Produits des cessions d'éléments d'actif* pour y inscrire au crédit le montant de la cession en HT.

Date	Compte	Libellé	Débit	Crédit
Vente matériels informatiques				
30/06/2013	411	Clients	1 794,00	
30/06/2013	775	Produits des cessions d'éléments d'actif		1 500,00
30/06/2013	44571	TVA collectée		294,00
En cas de mise au rebut, cette série d'écritures n'a pas lieu d'être. On passe de la 1re à la 3e étape				

3. Sortie comptable de l'immobilisation

Pour cette dernière étape, on sort de l'actif la valeur de l'immobilisation, pour sa valeur brute, c'est-à-dire sa valeur d'achat HT, qui figure au compte *2183 – Matériel de bureau et matériel informatique.*

On sort également de l'actif la valeur cumulée des amortissements déjà enregistrés dans le compte *281 – Amortissements des immobilisations corporelles* (y compris le dernier complément de dotation).

L'écriture est équilibrée à l'aide du compte *675 – Valeur comptable des éléments d'actif cédés.*

Date	Compte	Libellé	Débit	Crédit
		Sortie de l'immobilisation de l'actif		
30/06/2013	2183	Matériel de bureau et matériel informatique		3000,00
30/06/2013	281	Amortissement des immobilisations corporelles	2500,00	
30/06/2013	675	Valeur comptable des éléments d'actif cédés	500,00	

La différence entre les sommes respectivement imputées dans les comptes 775 et 675 constitue la plus-value ou la moins-value liée à la cession de l'immobilisation.

Ici, l'immobilisation a été cédée 1 000 € de plus que sa valeur nette (1 500 – 500).

On peut aussi vendre une immobilisation totalement amortie. Dans ce cas :
- *la valeur comptable des éléments d'actif cédés est nulle ;*
- *il n'y a pas lieu de compléter l'amortissement (étape 1.), puisque ce dernier est terminé.*

Le compte 675 – Valeur comptable des éléments d'actif cédés *est la valeur nette de l'immobilisation, c'est-à-dire la valeur brute enregistrée lors de l'achat diminuée des dotations aux amortissements.*

6. Les extournes

Lors de l'élaboration du bilan, nous avons vu qu'il était nécessaire de passer des écritures rattachant certaines charges et certains produits à l'exercice : factures non parvenues (FNP), factures à établir (FAE), charges constatées d'avance (CCA), produits constatés d'avance (PCA), produits à recevoir et charges à payer. Il faut maintenant « extourner » ces écritures.

L'extourne consiste à passer une écriture inversée annulant une écriture initiale. Au 1er janvier N, on extourne les écritures passées au bilan N–1 qui concernaient les FNP, FAE, CCA, PCA, écritures qui avaient rattaché ces charges et produits à l'exercice N. La démonstration qui va suivre va mettre en évidence l'utilité des extournes.

Pour étayer ce point, prenons l'hypothèse d'un bilan clos le 31 décembre 2013 (N–1) pour lequel a été passée une écriture de FNP concernant le loyer de décembre 2013. L'écriture se présentait ainsi.

Date	Compte	Libellé	Débit	Crédit
		FNP Loyer décembre N–1		
31/12/2013	613	Locations	1 000,00	
31/12/2013	4458	TVA à régulariser	196,00	
31/12/2013	408	Fournisseurs, factures non parvenues		1 196,00

Voici maintenant les diverses étapes à suivre pour extourner cette écriture sur le nouvel exercice N.

1. Le report à nouveau

À l'issue du bilan N–1, sont d'abord établis les reports à nouveau au 1er janvier de l'exercice N (2014). Comme vu précédemment pour les opérations de fin d'exercice, on reporte d'un exercice sur l'autre les valeurs des comptes de bilan et on remet à zéro les comptes de gestion. Concernant la facture de FNP de décembre 2013, elle est transposée dans les comptes 2014 avec un report à nouveau qui se fait ainsi :

- 196,00 € au débit du compte *4458 – TVA à régulariser* ;
- 1 196,00 € au crédit du compte *408 – Fournisseurs, factures non parvenues* ;
- 0,00 € au compte *613 – Locations* car les comptes de charges et de produits ne sont pas générés en reports à nouveau.

Au 1er janvier N, on a donc les soldes suivants :

408 Fournisseurs, factures non parvenues	
	1 196,00

4458 TVA à régulariser	
196,00	

613 Locations	
0,00	

2. L'extourne

On extourne, pour le nouvel exercice (N), l'écriture concernant le loyer qui a servi à préparer le bilan, en la passant à l'envers.

Date	Compte	Libellé	Débit	Crédit
		Extourne – FNP Loyer décembre N–1		
01/01/2014	613	Locations		1 000,00
01/01/2014	4458	TVA à régulariser		196,00
01/01/2014	408	Fournisseurs, factures non parvenues	1 196,00	

À cette étape, après l'écriture inversée, le compte 613 présente un solde créditeur de 1 000,00 €, ce qui est normal puisqu'il était déjà nul auparavant (pas de report à nouveau pour les comptes de charge).

Après l'extourne, les comptes se présentent désormais ainsi :

408 Fournisseurs, factures non parvenues	
1 196,00	1 196,00

4458 TVA à régulariser	
196,00	196,00

613 Locations	
0,00	1 000,00

3. La situation des comptes après l'extourne

Grâce à l'extourne, on a la situation suivante :

- les comptes 408 et 4458 sont soldés, ce qui est logique en début d'exercice (ici au 1er janvier N+1) ;
- le compte *613 – Locations* est par contre créditeur – ce qui est inhabituel pour une charge –, mais la facture du loyer de décembre N–1 devrait bientôt arriver et être enregistrée en N. Voici comment elle sera enregistrée au journal d'achats.

Date	Compte	Libellé	Débit	Crédit
		Facture de loyer de décembre N–1		
08/01/2014	613	Locations	1 000,00	
08/01/2014	44566	TVA déductible sur ABS	196,00	
08/01/2014	401	Fournisseurs		1 196,00

Une fois cette facture enregistrée, les comptes se présenteront ainsi :

613 Locations	
1 000,00	1 000,00

4456 TVA déductible	
196,00	

401 Fournisseurs	
	1 196,00

L'extourne a donc permis de remettre les comptes à la position qu'ils doivent avoir après l'enregistrement de la facture reçue en N :

- Le solde du compte *613 – Locations* est nul puisque le loyer de décembre n'a pas à figurer en charge au titre du nouvel exercice, cette charge ayant déjà été imputée sur l'exercice précédent N.
- On a enregistré au compte *44566 – TVA déductible,* de la TVA que l'on pourra récupérer ultérieurement (au moment de la prochaine déclaration de TVA). En N–1, pour l'écriture de la facture non parvenue, on avait utilisé le compte *4458 – TVA à régulariser* car on ne pouvait pas récupérer cette TVA (puisque la facture n'avait pas été reçue).
- Sur le compte *401 – Fournisseurs,* apparaît une dette de 1 196,00 € qui sera régularisée quand on aura enregistré le paiement.

Si les extournes permettent ainsi de rétablir la position des comptes au 1er jour d'un exercice fiscal N pour les FNP, FAE, CCA, PCA, les produits à recevoir et charges à payer enregistrés à la fin de l'exercice fiscal N–1, elles peuvent également avoir un intérêt lors de situations intermédiaires, comme on le verra plus loin.

7. Le lettrage des comptes

Les comptes de tiers enregistrent les sommes que l'entreprise doit payer ou encaisser, mais dans ces comptes sont également enregistrés les avoirs, les éventuelles régularisations et les règlements. Les écritures sont parfois si nombreuses que leur lecture peut en devenir difficile. Aussi, afin d'améliorer la lisibilité d'un compte et faciliter la justification de son solde, on va lettrer les écritures : on fait correspondre les dettes ou les créances avec leur règlement.

Pour mieux comprendre cette méthode, prenons l'exemple du compte client ci-dessous. Une 5e colonne, **L** (pour Lettrage), a été rajoutée.

Compte 411005 - DANIEL D.				
Extrait au 31/05/2013				
Date	**Libellé**	**Débit**	**Crédit**	**L**
02/01/2013	Facture VF01005	1 196,00		
08/01/2013	Avoir VA01001		119,60	
05/02/2013	Facture VF02008	2 392,00		
13/03/2013	Facture VF03001	1 196,00		
13/03/2013	Chèque Daniel D.		3 468,40	
22/05/2013	Facture VF005005	1 196,00		
31/05/2013	**Total**	**5980,00**	3 588,00	
31/05/2013	**Solde**	**2392,00**		

La somme des écritures lettrées au débit sera impérativement égale à la somme des écritures correspondantes lettrées au crédit. Dans le cas contraire, le lettrage est impossible. Si on reprend le compte client précédent, on va lettrer ce qui peut l'être en faisant apparaître, dans la colonne **L,** la lettre **A** pour toutes les écritures dont les sommes au débit correspondent à des sommes au crédit.

Compte 411005 - Client DANIEL D.				
Extrait au 31/05/2013				
Date	**Libellé**	**Débit**	**Crédit**	**L**
02/01/2013	Facture VF01005	1 196,00		A
08/01/2013	Avoir VA01001		119,60	A
05/02/2013	Facture VF02008	2 392,00		A
13/03/2013	Facture VF03001	1 196,00		
13/03/2013	Chèque Daniel. D.		3 468,40	A
22/05/2013	Facture VF005005	1 196,00		
31/05/2013	**Total**	**5980,00**	**3588,00**	
31/05/2013	**Solde**	**2392,00**		
Comme on le voit, au débit 1 196 + 2 392 = 3 588 et, au crédit, 119.60 + 3 468,40 = 3 588. Ces sommes se correspondent, donc on a pu les lettrer.				

N. B.: la plupart des logiciels comptables permettent le lettrage des écritures à lettrer ; avec la souris ou le clavier, on fait correspondre les factures et les avoirs à leurs règlements (et éventuellement les régularisations).

Si on affiche maintenant ce compte sans les écritures qui viennent d'être lettrées, sa lecture est beaucoup plus facile puisqu'il ne reste que deux lignes d'écriture au lieu des six précédentes.

Compte 411005 - Client DANIEL D.				
Extrait au 31/05/2013				
Date	**Libellé**	**Débit**	**Crédit**	**L**
13/03/2013	Facture VF03001	1 196,00		
22/05/2013	Facture VF005005	1 196,00		
31/05/2013	**Total**	**2392,00**		
31/05/2013	**Solde**	**2392,00**		

Pour éviter un lettrage manuel, assez long et fastidieux, certains logiciels comptables offrent la possibilité du lettrage automatique : le logiciel va lettrer les sommes qui correspondent entre elles. Mais attention, il se trompe parfois en lettrant des paiements qui ne correspondent pas forcément aux bonnes factures : par exemple, des factures récentes lettrées avec un dernier paiement qui correspond en fait à des factures plus anciennes. Pour cette raison, on préférera le lettrage manuel au lettrage automatique.

8. Le budget prévisionnel

Comme on l'a dit, l'entreprise doit établir à chaque exercice fiscal certains documents financiers : le bilan, le compte de résultat et l'annexe. C'est une obligation légale à laquelle elle ne peut déroger. Par contre, rien ne l'oblige à établir un budget, ou compte de résultat prévisionnel. Pourtant, ce document est indispensable dès lors que le chef d'entreprise et son équipe de managers souhaitent suivre au plus près la gestion de la société, l'état de sa trésorerie, son activité commerciale…, pour mieux en contrôler l'exploitation.

Le budget prévisionnel est en outre un document utile à d'autres titres :

- Il peut être requis par les banques pour l'étude d'un prêt.

- Il sera exigé par les instances qui contrôlent l'entité économique (conseil d'administration, direction générale…).
- Pour un projet d'entreprise ou une société en cours de création, un budget prévisionnel établi sur plusieurs années est une étape essentielle pour savoir si le projet et la création envisagés sont viables économiquement.
- Dans certains secteurs d'activité, le budget prévisionnel est une obligation légale : par exemple, la loi du 2 janvier 2002 régissant les organismes sociaux et médico-sociaux impose la validation des budgets par les autorités de contrôle (département, agence régionale de santé).

Si un budget prévisionnel est de plus en plus souvent exigé en considération de réalités économiques, il peut aussi servir à fixer et suivre des objectifs spécifiques. Dans une équation simple, on préparera un bilan au terme de l'exercice comptable (N) et un budget pour l'année à venir (N+1). Toutefois, un budget peut également prendre en compte des périodes plus longues (N+1, N+2, N+3…), afin de mettre en lumière les évolutions annuelles de l'entreprise exprimées en termes d'objectifs à atteindre On parle alors de budget pluriannuel.

Au cours de l'année N+1, on doit consulter le budget et le comparer à la situation comptable réelle. Il s'agit, à partir d'une situation comptable à un instant T, d'établir un comparatif entre :

- les valeurs budgétées ;
- les valeurs réelles ;
- les valeurs des périodes précédentes (N–1, N–2…).

Cette comparaison permettra d'identifier les dérives éventuelles et d'engager, si nécessaire, des actions correctrices là où cela s'avère nécessaire. Pour ce faire, existent deux critères qui, croisés, vont aider à affiner cette étude comparative et à expliquer les écarts, négatifs ou positifs.

Les valeurs reflétant le chiffre d'affaires sont des valeurs monétaires ou des **valeurs exprimant l'exploitation** : par exemple, un musée dont la variable d'exploitation ou unité de référence est le nombre de visiteurs fera un budget en fonction d'un objectif réaliste en nombre de visiteurs espéré, basé sur les statistiques du marché culturel et des données tirées des années précédentes.

Le **tableau de gestion** calcule les charges variables ou proportionnelles, en fonction de certains critères propres à l'activité de l'entreprise :

- pour un musée, ce sera en fonction du nombre de visiteurs (plus le nombre de visiteurs est important, plus la consommation d'eau dans les toilettes augmente) ;
- pour une société de taxis, ce sera en fonction du nombre de kilomètres parcourus (plus le nombre de courses est important, plus le poste carburant augmente) ;
- pour un restaurant, l'unité de référence étant le nombre de repas servis, ce sera connaître l'objectif de service minimal pour atteindre le seuil de rentabilité, tout en tenant compte des ajustements saisonniers ou conjoncturels.

Zoom

Un budget prévisionnel peut facilement être réalisé sur un tableur, tel Excel, qui permet de faire des simulations Dans le cas de notre société de taxis, en faisant varier le nombre de kilomètres parcourus, le calcul sera automatisé pour donner le chiffre d'affaires, le montant du poste carburant, le montant du poste révisions mécaniques…

Le budget prévisionnel est donc essentiel puisqu'il permet de savoir à quel stade « économique » se situe l'entreprise par rapport à son seuil de rentabilité, et par conséquent :

- d'anticiper ;
- d'éviter ou d'atténuer certaines mauvaises surprises en fin d'année (résultat en baisse, déficit non prévu…) ;
- d'effectuer les corrections nécessaires (promotion intensifiée, réduction des dépenses…).

À chaque secteur d'activité correspond une unité de référence qui permet d'évaluer le chiffre d'affaires. C'est sur cette variable d'exploitation que se base l'objectif d'activité déterminé au budget de l'entreprise. Et toute entité économique doit pouvoir se baser sur un niveau d'exploitation de référence en fonction duquel se dessinera un bénéfice ou une perte : par exemple, pour un hôtel, l'unité de référence ramenée à l'année est le nombre de chambres, pondéré d'un coefficient, le taux d'occupation ; pour une entreprise de négoce, l'unité de référence est le chiffre d'affaires...

Certaines activités ont des valeurs d'exploitation hétérogènes : par exemple, une entreprise de maçonnerie va réaliser une marge sur les travaux nécessitant de la main-d'œuvre et une autre marge unitaire sur la pose de certains ouvrages (portes, fenêtres...). L'unité de référence n'apparaît donc pas toujours clairement, mais, à défaut, le chiffre d'affaires est toujours, *a minima*, une base de référence.

En tout état de cause, un budget prévisionnel s'appuiera toujours sur des données réalistes. Pour se faire, on se référera aux années d'exploitation précédentes, sauf dans le cas d'une création d'entreprise où aucune donnée antérieure n'est disponible.

Dans le cas précis de la création d'entreprise, pour faire figurer à son budget les sommes les plus réalistes possible, on s'appuiera sur les statistiques du secteur, sur les bilans d'entreprises concurrentes, sur les données chiffrées données par des syndicats professionnels..., toutes informations qui aideront à déterminer un chiffre d'affaires potentiel.

À défaut de chiffres suffisamment précis, on se basera sur des sommes probables logiques, tout en gardant en permanence à l'esprit une volonté de réalisme.

Si l'on veut être exhaustif et n'oublier aucune charge, le meilleur moyen est encore de réaliser son budget avec l'aide du plan comptable puisque ce document récapitule toutes les charges possibles dans une entreprise. On pourra même rajouter une charge supplétive, c'est-à-dire une ligne budgétaire supplémentaire aux charges comptables, sorte de marge de sécurité d'exploitation ou bien bénéfice que l'entrepreneur espère obtenir.

Le budget fourni à l'appui d'une création d'entreprise devra être équilibré : trop déficitaire, il décourage les investisseurs ou les banques et, exagérément excédentaire, il paraît trop optimiste, voire irréalisable.

Exemple de budget

Pour finir, voici un exemple de budget prévisionnel, celui d'un musée. Puisque les budgets prévisionnels servent à estimer au final un résultat, seuls les charges et les produits y seront inclus, les comptes de bilan n'ayant pas besoin d'y figurer.

Ce budget est exprimé en HT. Notez que la TVA n'a pas d'impact sur le résultat de l'entreprise, sauf si l'entité n'y est pas assujettie (une association, par exemple) : auquel cas, si elle ne récupère pas la TVA, elle inscrira ses charges en TTC au budget.

EXEMPLE DE BUDGET			
Musée du Terroir. Budget prévisionnel 2014			
Produits Activité			
Nombre de visiteurs		**Tarifs/entrée**	**Recettes**
Adultes	32450	9,5	308275
Enfants	8110	4,5	36495
Subventions Région			65000
Ventes boutique			14500
		Total Produits	**424270**

	Charges	
N°	Libellé	Montant
6022	Fuel (Chauffage)	14000
6061	Eau	1840
6061	Électricité	7500
6063	Fournitures d'entretien	4500
6064	Fournitures administratives	2200
6122	Crédit-bail Photocopieur	1464
613	Locations immobilières	96000
614	Charges locatives	4800
615	Maintenance des locaux	24000
615	Nettoyage des locaux	27000
616	Assurance multirisques	8544
618	Documentation	540
622	Honoraires expert-comptable	11580
623	Publicité	2500
625	Frais de missions, réception	5000
626	Frais postaux et télécommunications	9650
627	Services bancaires	384
63	Impôts et taxes	4500
641	Salaires Bruts	121920
645	Charges Sociales	54864
66	Charges d'intérêts	1933
681	Dotations aux amortissements	6627
	Total charges	**411346**
	Résultat prévisionnel	**+ 12924**

Vous êtes arrivé au terme de votre étude de la comptabilité. Si vous avez tout compris, c'est que vous avez acquis l'esprit comptable et que cette technique vous est devenue plus familière et plus compréhensible. Maintenant, vous devez la mettre en pratique. Même si vous décidez de vous perfectionner avec des livres d'un niveau plus avancé et plus théorique, la pratique restera toujours la meilleure façon d'améliorer vos connaissances.

Si vous vous destinez à préparer un cursus comptable, ces bases que vous avez désormais acquises vont vous permettre de vous entraîner, au début sur des tâches simples, pour progresser. Si vous êtes chef d'entreprise ou créateur d'entreprise, même si vous ne passez pas vous-même les écritures en comptabilité, la maîtrise de ces bases vous sera utile pour mieux suivre les comptes de votre société et, parfois, pour prendre certaines décisions nécessaires au développement de l'entité que vous gérez.

Régulièrement amené à organiser des sessions de formation en comptabilité, n'hésitez pas à me contacter, y compris pour me faire part de toute remarque se rapportant au contenu de cet ouvrage : **pguillermic@yahoo.fr**.

12. Corrigés des cas pratiques

Cas pratique n° 1

Détermination du solde bancaire

512 Banque	
Débit	**Crédit**
1er mai, solde : 200,00	3 mai, prélèvement orange : 57,88
2 mai, chèque : 1 840,00	22 mai, virement loyer : 840,00
	28 mai, frais de virement : 2,20
Total débit : 2 040,00	Total crédit : 900,08
Solde débiteur : 1 139,92	

Cas pratique n° 2

Enregistrement des factures d'achats

JOURNAL : ACHATS				
Date	**Compte**	**Libellé**	**Débit**	**Crédit**
03/05/2013	613	Locations	550,00	
03/05/2013	44566	TVA déductible/ABS	107,80	
03/05/2013	401	Fournisseurs		657,80
13/05/2013	615	Entretien et réparations	130,00	
13/05/2013	44566	TVA déductible/ABS	25,48	
13/05/2013	401	Fournisseurs		155,48
14/05/2013	622	Honoraires	1 000,00	
14/05/2013	44566	TVA déductible/ABS	196,00	
14/05/2013	401	Fournisseurs		1 196,00
15/05/2013	623	Publicité	360,00	
15/05/2013	44566	TVA déductible/ABS	70,56	
15/05/2013	401	Fournisseurs		430,56
16/05/2013	626	Frais Postaux	55,00	
16/05/2013	401	Fournisseurs		55,00
Remarque. *si la facture avait été réglée au comptant et en espèces, on aurait pu créditer le compte* 53 – Caisse *au lieu du compte* 401 – Fournisseurs.				
JOURNAL : BANQUE				
16/05/2013	401	Fournisseurs Chq. n° x Campion Gérance	657,80	
16/05/2013	512	Banque		657,80
16/05/2013	401	Fournisseurs Chq. n° y J. Nettoyage	155,48	
16/05/2013	512	Banque		155,48
16/05/2013	401	Fournisseurs Chq. n° z Woai Avocat	1 196,00	
16/05/2013	512	Banque		1 196,00

D'un point de vue comptable, l'écriture suivante est tout aussi valable.

16/05/2013	401	Fournisseurs Chq. n° x Campion Gérance	657,80	
16/05/2013	401	Fournisseurs Chq. n° y J. Nettoyage	155,48	
16/05/2013	401	Fournisseurs Chq. n° z Woai Avocat	1 196,00	
16/05/2013	512	Banque		2 009,28

Cas pratique n° 3

Enregistrement des factures de vente

JOURNAL : VENTES				
Date	**Compte**	**Libellé**	**Débit**	**Crédit**
04/06/2013	411	Clients	1 892,00	
04/06/2013	706	Prestations de services		2 000,00
04/06/2013	4457	TVA collectée		392,00
04/06/2013	4191	Clients, avances et acomptes reçus	500,00	
L'acompte perçu vient en déduction de la facture TTC.				
05/06/2013	411	Clients	947,23	
05/06/2013	707	Ventes de marchandises		800,00
05/06/2013	665	Escomptes accordés	8,00	
05/06/2013	4457	TVA collectée		155,23
31/12/2013	411	Clients		59,80
31/12/2013	709	Rabais, remises et ristournes accordés	50,00	
31/12/2013	4457	TVA collectée	9,80	
JOURNAL : BANQUE				
06/06/2013	512	Banque Rglt. Sébastien	1 892,00	
06/06/2013	411	Clients		1 892,00
06/06/2013	512	Banque Rglt. Alexandre	947,23	
06/06/2013	411	Clients		947,23

Cas pratique n° 4

Déclaration de TVA

Montant de la TVA collectée : 25 000,00 x 19,60 % = 4 900 €.
TVA à payer : 4 900 € – 2 500 € = 2 400 €.

JOURNAL : BANQUE				
Date	**Compte**	**Libellé**	**Débit**	**Crédit**
08/08/2013	44551	TVA à décaisser	2 400,00	
08/08/2013	512	Banque		2 400,00
JOURNAL : OD (opérations diverses)				
31/07/2013	44571	TVA collectée	4 900,00	
31/07/2013	44566	TVA déductible/ABS		2 500,00
31/07/2013	44551	TVA à décaisser		2 400,00

Si la TVA déductible avait été supérieure à la TVA collectée, nous aurions eu un crédit de TVA. Au lieu du compte *44551 – TVA* à décaisser, on aurait utilisé le compte *44567 – Crédit de TVA* pour équilibrer l'écriture.

Cas pratique n° 5

Écritures de banque

JOURNAL : BANQUE				
Date	**Compte**	**Libellé**	**Débit**	**Crédit**
01/08/2013	401	Fournisseurs	580,85	
01/08/2013	758	Produits divers de gestion courante		0,10
01/08/2013	512100	BNP		580,75
05/08/2013	512100	BNP	50 000,00	
05/08/2013	16	Emprunts		50 000,00
06/08/2013	506	Obligations	51 118,00	
06/08/2013	512100	BNP		51 118,00
20/08/2013	512100	BNP	51 222,00	
20/08/2013	506	Obligations		51 118,00
20/08/2013	764	Revenu des valeurs mobilières de placement		4,00

22/08/2013	581	Virements internes	5000,00	
22/08/2013	512100	BNP		5000,00
22/08/2013	512200	Caisse d'Épargne	5000,00	
22/08/2013	581	Virements internes		5000,00
26/08/2013	512100	BNP	200,00	
26/08/2013	411	Clients		200,00
30/08/2013	627	Services bancaires	10,03	
30/08/2013	4456	TVA déductible/ABS	1,97	
30/08/2013	512100	BNP		12,00
30/08/2013	16	Emprunts	1380,00	
30/08/2013	661	Charges d'intérêts	41,60	
30/08/2013	512100	BNP		1421,60

Cas pratique n° 6

Rapprochement bancaire

Voici le pointage (matérialisé par le signe *x*) des écritures identiques, dans la comptabilité de l'entreprise et à la banque.

Extrait du Compte 512100 Banque Haussmann			
Date	**Libellé**	**Débit**	**Crédit**
01/11/2013	Report solde	3252	
04/11/2013	Chèque fournisseur 918944		1919 *x*
04/11/2013	Chèque fournisseur 918945		48 *x*
15/11/2013	Chèque Trésor public 918946		800 *x*
29/11/2013	Prélèvements Clients	3810	
29/11/2013	Remise espèces	500	
	Total	**7562**	**2767**
	Solde au 30/11/2013	**4795**	

Banque Haussmann Relevé n° 11 au 30/11			
Date	**Opérations**	**Débit**	**Crédit**
01/11/2013	Solde précédent		3252
04/11/2013	Virement « Client Untel »		129
08/11/2013	Chèque 918944	1 919 ✗	
12/11/2013	Chèque 918946	48 ✗	
22/11/2013	Chèque 918946	800 ✗	
30/11/2013	Totaux	2767	3381
	Solde au 30/11/2013		**614**

Rapprochement bancaire au 30/11/2013

Compte 512 Banque			
Date	**Opérations**	**Débit**	**Crédit**
30/11	Solde	4795	
04/11	Virement « Untel »	129	
30/11	Totaux	4 924	
➤	Solde ➤	4 924	➤

=

Banque Haussmann			
Date	**Opérations**	**Débit**	**Crédit**
30/11	Solde		614
29/11	Prélèvements Clients		3810
29/11	Remise espèces		500
30/11	Totaux		4924
➤	➤ Solde	➤	4924

JOURNAL : BANQUE				
Date	**Compte**	**Libellé**	**Débit**	**Crédit**
		Virement Client « Untel »		
04/11/2013	512	Banque	129,00	
04/11/2013	411	Clients		129,00

Cas pratique n° 7

Enregistrement d'un bulletin de paie

JOURNAL : OD (opérations diverses)				
Date	**Compte**	**Libellé**	**Débit**	**Crédit**
Bulletin de paie Clémentine THOMAS, novembre 2013				
30/11/2013	641	Rémunérations du personnel *(salaire brut)*	2 121,86	
30/11/2013	645	Charges de sécurité sociale *(quote-part patronale)*	729,92	
30/11/2013	431	Sécurité sociale (Urssaf et Pôle Emploi) *(part patronale + part salariale = ce qui est dû à l'Urssaf)*		1 106,76
30/11/2013	6453	Cotisations aux caisses de retraite *(quote-part patronale)*	120,95	
30/11/2013	437	Autres organismes sociaux (caisses de retraite et de prévoyance) *(part patronale + part salariale)*		201,58
30/11/2013	421	Personnel, rémunérations dues *(le net à payer)*		1 664,39
		Total	**2972,73**	**2972,73**

Cas pratique n° 8

Déclaration Urssaf

Urssaf mars 2013	Base	Taux %	Montant
Assurance maladie, vieillesse, allocations familiales… – **Part salariale**	15 000	7,50	1 125,00
Assurance maladie, vieillesse, allocations familiales… – **Part patronale**	15 000	30,30	4 545,00
CSG – **Cotisations salariales**	14 738	8,00	1 179,04
Chômage – **Part salariale**	15 000	2,40	360,00
Chômage – **Part patronale**	15 000	4,10	615,00
		Total	**7824,04**

JOURNAL: BANQUE				
Date	**Compte**	**Libellé**	**Débit**	**Crédit**
31/03/2013	645	Charges de Sécurité sociale	5160,00	
31/03/2013	431	Sécurité sociale (Urssaf)		5160,00
Cette écriture ne comptabilise que la part patronale, car la part salariale a déjà été imputée lors de l'enregistrement du bulletin de paie.				

JOURNAL: BANQUE				
Date	**Compte**	**Libellé**	**Débit**	**Crédit**
Paiement Urssaf				
05/04/2013	431	Urssaf	7824,04	
05/04/2013	512	Banque		7824,04

Cas pratique n° 9

Amortissement linéaire

Amortissement du bien 1 : véhicule utilitaire

Pour un amortissement sur 5 ans, le taux d'amortissement annuel est de 20 % (100 ÷ 5). Les annuités sont, elles, de 1 200 € (6 000 x 20 %) pour une année entière.

Le véhicule ayant été acquis au 1er juillet, on considère qu'il a été utilisé 6 mois la première année, soit la moitié de l'année. Par conséquent, la première annuité est de 600 € (1 200 ÷ 2). Le tableau d'amortissement est donc celui-ci.

Année	Valeur brute	Taux %	Valeur nette début année	Amortissement	Valeur nette fin d'année
2013	6000	20,00	6000,00	600,00	5400,00
2014	6000	20,00	5400,00	1200,00	4200,00
2015	6000	20,00	4200,00	1200,00	3000,00
2016	6000	20,00	3000,00	1200,00	1800,00
2017	6000	20,00	1800,00	1200,00	600,00
2018	6000	20,00	600,00	600,00	0,00

Et voici l'écriture de la dotation aux amortissements pour 2013.

JOURNAL : OPÉRATIONS DIVERSES				
Date	**Compte**	**Libellé**	**Débit**	**Crédit**
		Dotation aux amortissements		
31/12/2013	681	Dotations aux amortissements	600,00	
31/12/2013	281	Amortissements des immobilisations corporelles		600,00

Amortissement du bien 2 : mobilier

Pour un amortissement sur 10 ans, le taux d'amortissement annuel est de 10 % (100 ÷10). Les annuités sont, elles, de 900 € (9000 x 10 %) pour une année entière. Le mobilier acquis le 1er octobre 2013 a 3 mois de présence dans le patrimoine de l'entreprise la première année. La première annuité sera donc de 225 € (900 x 3/12). Le tableau d'amortissement est donc celui-ci.

Année	Valeur brute	Taux %	Valeur nette début année	Amortissement	Valeur nette fin d'année
2013	9000	10,00	9000,00	225,00	8775,00
2014	9000	10,00	8775,00	900,00	7875,00
2015	9000	10,00	7875,00	900,00	6975,00
2016	9000	10,00	6975,00	900,00	6075,00
2017	9000	10,00	6075,00	900,00	5175,00
2018	9000	10,00	5175,00	900,00	4275,00
2019	9000	10,00	4275,00	900,00	3375,00
2020	9000	10,00	3375,00	900,00	2475,00
2021	9000	10,00	2475,00	900,00	1575,00
2022	9000	10,00	1575,00	900,00	675,00
2023	9000	10,00	675,00	675,00	0,00

Et voici l'écriture de la dotation aux amortissements pour 2013.

JOURNAL : OPÉRATIONS DIVERSES				
Date	**Compte**	**Libellé**	**Débit**	**Crédit**
		Dotation aux amortissements		
31/12/2013	681	Dotations aux amortissements	225,00	
31/12/2013	281	Amortissements des immobilisations corporelles		225,00

Cas pratique n° 10

Amortissement dégressif

Pour un amortissement sur 10 ans, le taux d'amortissement annuel en mode linéaire serait de 10 % (100 ÷ 10). Comme le mode dégressif a été choisi, on applique le coefficient fiscal préconisé : 2,25 pour une durée de vie supérieure à 6 ans. Le taux de l'amortissement dégressif est donc de 22,50 % (10 x 2,25).
Le calcul prorata temporis de la première annuité se fait en mois d'utilisation puisque c'est le mode dégressif qui a été choisi. La machine ayant été acquise en mai, on compte 8 mois d'utilisation en 2013. La première annuité est donc de 3000 € (20000 x 22,5 % x 8/12).
Sachant que le dégressif est abandonné dès que le taux du linéaire est supérieur, c'est en 2019 qu'on passe en linéaire pour les quatre années restant à courir.

Année	Valeur brute	Taux %	Valeur nette début d'année	Amortissement	Valeur nette fin d'année
2013	20000	22,50	20000,00	3000,00	17000,00
2014	20000	22,50	17000,00	3825,00	13175,00
2015	20000	22,50	13175,00	2964,38	10210,62
2016	20000	22,50	10210,62	2297,39	7913,23
2017	20000	22,50	7913,23	1780,48	6132,75
2018	20000	22,50	6132,75	1379,87	4752,88
2019	20000	25,00	4752,88	1188,22	3564,66
2020	20000	25,00	3564,66	1188,22	2376,44
2021	20000	25,00	2376,44	1188,22	1188,22
2022	20000	25,00	1188,22	1188,22	0,00

Voici maintenant l'écriture de la dotation pour la 1re année.

Date	Compte	Libellé	Débit	Crédit
		Dotation aux amortissements		
31/12/2013	681	Dotations aux amortissements	3000,00	
31/12/2013	281	Amortissements des immobilisations corporelles		3000,00

Cas pratique n° 11

Variation de stocks

Date	Compte	Libellé	Débit	Crédit
		1. Annulation des stocks initiaux		
31/12/2013	6037	Variation des stocks de marchandises	25000,00	
31/12/2013	37	Stocks de marchandises		25000,00
31/12/2013	7135	Variation des stocks de produits	130000,00	
31/12/2013	35	Stocks de produits		130000,00
		2. Constatation des stocks finaux		
31/12/2013	37	Stocks de marchandises	30000,00	
31/12/2013	6037	Variation des stocks de marchandises		30000,00
31/12/2013	35	Stocks de produits	110000,00	
31/12/2013	7135	Variation des stocks de produits		110000,00

On constate une augmentation du stock de marchandises (+5000) et une baisse du stock de produits (–20000). Par conséquent, la variation des stocks a un impact négatif de 15000 € sur le résultat de l'entreprise pour l'exercice 2013.

Cas pratique n° 12

Rattachement des charges et produits à l'exercice

1. **CCA** : les prestations informatiques facturées pour la période allant de janvier à septembre 2014 ne concernent pas l'exercice 2013, soit 4500 € (6000 x 9/12) à régulariser pour le bilan 2013. On prend ici le montant HT.
2. **PCA** : la totalité des prestations de services facturées par l'entreprise se rapporte à l'exercice 2014, donc 10000 € à régulariser pour le bilan 2013. Ici aussi, la somme à considérer est HT.
3. **FNP** : la somme à créditer au compte 408 doit être en TTC.
4. **FAE** : la somme à débiter au compte 418 doit être en TTC.

Journal : OD (opérations diverses)				
Date	**Compte**	**Libellé**	**Débit**	**Crédit**
		1. CCA (Charges constatées d'avance)		
31/12/2013	486	Charges constatées d'avance	4500,00	
31/12/2013	615	Entretien et réparations		4500,00
		2. PCA (Produits constatées d'avance)		
31/12/2013	706	Prestations de services	10000,00	
31/12/2013	487	Produits constatés d'avance		10000,00
		3. FNP (Factures non parvenues)		
31/12/2013	626	Frais postaux et de télécommunications	200,00	
31/12/2013	4458	TVA à régulariser	39,20	
31/12/2013	408	Fournisseurs, factures non parvenues		239,20
		3. FAE (Factures à établir)		
31/12/2013	418	Clients, produits non encore facturés	4784,00	
31/12/2013	707	Ventes de marchandises		4000,00
31/12/2013	4458	TVA à régulariser		784,00

Cas pratique n° 13

Provisions pour risques

Journal : OD (opérations diverses)				
Date	**Compte**	**Libellé**	**Débit**	**Crédit**
31/12/2013	681	Dotations aux amortissements, dépréciations et provisions	10000,00	
31/12/2013	491	Dépréciations des comptes clients		10000,00
31/12/2013	151	Provisions pour risques	50000,00	
31/12/2013	781	Reprises sur amortissements, dépréciations et provisions		50000,00

Lexique

Actif – « *Un actif est un élément identifiable du patrimoine ayant une valeur économique positive pour l'entité, c'est-à-dire un élément générant une ressource que l'entité contrôle du fait d'événements passés et dont elle attend des avantages économiques futurs.* » (Règlement n° 2004-06 du CRC).

Amortissement – Il consiste à répartir la charge d'une immobilisation sur les années de son utilisation.

Balance – Document résumant les mouvements des comptes et leur solde en fin de période.

Bilan – Document de synthèse reprenant les soldes des comptes de bilan (comptes de capitaux, d'immobilisations, de stocks, de tiers et de trésorerie).

Charge – Engagement de dépense, d'achat et de tout frais concourant à diminuer le résultat de l'exercice.

Chiffre d'affaires – Pour une période donnée, il représente le montant des ventes facturées.

Compte de résultat – Document de synthèse reprenant les soldes des comptes de charges et de produits.

Écritures comptables – Enregistrement des opérations comptables dans les journaux.

Exercice comptable – Période d'activité de l'entreprise durant laquelle sont enregistrées les opérations comptables. Au terme de l'exercice comptable sont établis les comptes annuels de cet exercice (bilan, compte de résultat, annexe…).

Grand-livre – Document comptable reprenant l'intégralité des écritures, compte par compte.

Immobilisation – Investissement réalisé par l'entreprise, qui se place à l'actif du bilan. L'immobilisation est exploitée par l'entreprise dans le cadre de son activité (machines, terrains, véhicules, ordinateurs...) ou pour en retirer un avantage financier ou patrimonial (immobilisations financières).

Journal – Document comptable où s'enregistrent les écritures en fonction de leur nature (journal de banque, journal d'achats, journal de ventes, journal de trésorerie...).

Passif – « *Un passif est un élément du patrimoine ayant une valeur économique négative pour l'entité, c'est-à-dire une obligation de l'entité à l'égard d'un tiers dont il est probable ou certain qu'elle provoquera une sortie de ressources au bénéfice de ce tiers...* ». (Règlements n° 2000-06 et n° 2005-9 du CRC).

Plan comptable général – Réalisé sous l'égide du Comité de la réglementation comptable, il a valeur juridique : il réunit les préconisations et les méthodes réglementaires des enregistrements et des opérations comptables.

Produit – Vente, prestation et toute opération amenant un profit propre à accroître le bénéfice de l'entreprise.

Provision – Écriture provisoire qui consiste à enregistrer une charge probable dont on ne connaît pas encore le montant précis (litiges, impayés...).

Résultat – Bénéfice ou perte annuelle résultant de l'activité de l'entreprise. C'est sur le bénéfice de l'exercice comptable que se calcule l'impôt sur les sociétés.

TVA (Taxe sur la valeur ajoutée) – Impôt indirect sur la consommation collecté par les entreprises pour le compte du Trésor public.

Certifié PEFC
Ce produit est issu de forêts gérées durablement et de sources contrôlées.
PEFC
10-31-2568
pefc-france.org

Achevé d'imprimer en décembre 2013 par EMD S.A.S. (France)
N° éditeur : 2013/1483 - Dépôt légal : janvier 2013
N° d'imprimeur : 28838